U0045392

天下文化

BELIEVE IN READING

天下文化 遠見雜誌

吳敦義

堅毅之路——

吳敦義——口述 楊艾俐——採訪撰文

目錄

出版者的話　《堅毅之路——吳敦義》回憶錄的出版　高希均　4
推薦序　青年報國，竭智盡忠的典範　馬英九　8
自　序　堅毅不移，初心如一　吳敦義　13

前言　惟有青青草色齊　17

第一部　英雄出少年　23
第一章　那時，我才五歲……——走出白色恐怖年代　24
第二章　二十五歲，你在做什麼？——計利當計天下利　50

第二部　號角出地方　71
第三章　故鄉，能不盡心——一步一腳印　72
第四章　守我南台灣——高雄的未來不是夢　110
第五章　既有山盟，也有海誓——設願景，重執行力　152
第六章　為莘莘學子謀百年大計——設大學，愛弱勢　178

第三部　政績出中央　203
第七章　英雄守弱——問政以群體優先　204
第八章　那些年，那些人，那些事——輔佐勝選的 King makers 們　236
第九章　布衣卿相——以施政經驗創造價值　258
第十章　有感施政——鐵腕與柔情　278
第十一章　無私的競爭力——「綠懼人」絕非浪得虛名　302
第十二章　不只是備胎——求同存異，兩岸和平　330
第十三章　「義」起團結拚過半——從爭霸黨主席到賣力輔選　354
第十四章　「九合一選舉」國民黨大勝——華麗重起　378
第十五章　二〇二〇：任他凡事清濁——一心為國民黨團結而戰　402
第四部　結語　431
大事記　434

出版者的話

《堅毅之路──吳敦義》回憶錄的出版

高希均

（一）留下歷史紀錄、接受未來檢驗

一個時代的歷史，是由一些革命家、思想家、政治人物及追隨者與反對者，以血、淚、汗所共同塑造的。其中有國家命運的顛簸起伏，有社會結構的解體與重建，有經濟的停滯與飛騰，更有人間的悲歡與離合。

百年來我們中國人的歷史及台灣的命運，正就徘徊在絕望與希望之中，毀滅與重生之中，失敗與成功之中。

沒有歷史，哪有家國？只有失敗的歷史，何來家國？

歷史是一本舊帳。但讀史的積極動機，不是在算舊帳；而是在擷取教訓，避免悲劇的重演。

歷史更可以是一本希望之帳，記錄這二代人半世紀來在台灣的奮鬥與成就，鼓舞下一代，以民族自尊與信心，在二十一世紀開拓一個兩岸共創和平繁榮的時代。

以傳播進步觀念為己任的「天下文化」，自一九八二年以來，先後出版了實際參與改變國家命運與台灣發展重要人士的相關著作。這些人士都是廣義的英雄，他們或有英雄的志業、或有英雄的功績、或有英雄的失落。在發表的文集、傳記、回憶錄中，這些黨國元老、軍事將領、政治人物、企業家、專家學者，以歷史的見證，細述他們的經歷軌跡與成敗得失。

就他們所撰述的，我們尊重；如果因此引起的爭論，我們同樣尊重。我們的態度是：以專業水準出版他們的著述，不以自己的價值判斷來評論對錯。

在翻騰的歷史長河中，蓋棺也已無法論定，誰也難以掌握最後的真理。我們所希望的是，每一位人物寫下他們的經歷、觀察，甚至後見之明。他們的貢獻，是為歷史留下紀錄；他們的挑戰，是為未來接受檢驗。

（二）值得深思與細讀的回憶錄

作為一九四五年台灣光復後的政治人物，出生於南投農家，又是白色恐怖不幸事件被害者之子，吳敦義就更具代表性。

憑著他博聞強記的才華，透過讀書教育的力量，年輕時就脫穎而出。隨著台灣從威權體制轉型民主政體，在多次地方及中央選舉中，開拓了自己以「敦厚忠義」，攀登政治顛峰。距大位，一步之遙；距民心，寸步不離。一生精彩的從政之路，應無遺憾。

台大求學時，以一篇社論文章初露鋒芒。日後受到經國先生賞識。他的政治生涯始於台北市議員（一九七三），最高公職為中華民國副總統（二〇一二），五十年來歷任黨政要職。

回憶錄中，有深入的，以及一些鮮為人知的記載。此刻「天下文化」十分興奮，能夠把他生命中最重要的政治生涯回憶錄與讀者分享，於今年七月出版。

本書寫作期間，由傳記作家、本書作者楊艾俐陪同前來「人文空間」一敘，吳敦義說有「遠見」的地方，就有「和平」；從政的初心是為人民謀福利，最大的成就則是促進兩岸和平，多年來他為兩岸交流協商奔走，所提倡的雙贏理念，如同這本傳記一樣，值得兩岸讀者及海內外華人深思細讀。

（作者為遠見．天下文化事業群創辦人）

推薦序

青年報國，竭智盡忠的典範

馬英九

我認識敦義兄將近五十載，從大學時代同學，到政壇重逢，再從共事到搭檔競選總統、副總統，我們既是長年相熟的老朋友，也是合作愉快的好夥伴，一路走來，肝膽相照，有著深厚的革命情感。

敦義兄與先父鶴凌先生也有淵源。當年先父任職救國團文教組副組長，讀到一位台大歷史系二年級學生在校刊《大學新聞》寫的社論〈台大人的十字架〉，指出台大人讀書報國之路，文筆犀利、氣勢磅礡、令人激賞，不但在校園中引起同學共鳴，《中央日報》、《聯合報》、《中國時報》等紛紛轉載評論。先父乃特別簽請國防部長兼任救國團主任的蔣經國先生接見勉勵。這位一鳴驚人的台大學生就是敦義兄。因此，說我們是一路相伴，「兩代交情」，一點也不為過。

出身基層，體察民瘼

敦義兄大學畢業後投身新聞工作，擔任《中國時報》記者，開始嶄露頭角。二十五歲就投入地方選舉，從兩屆台北市議員、兩任南投縣長、兩任高雄市長、三任南投縣選出的立法委員、國民黨祕書長，到行政院長、副總統，最後又出任國民黨主席。他是中華民國政壇史上，從地方民代幹起，資歷最完整的政治人物之一，尤其他清廉自持、勤政愛民、沉穩幹練，更是「青年報國」的典範。

他初擔任南投縣長時，年僅三十三歲，卻能迅速掌握政情，各種建設都大有成，包括開辦「泳渡日月潭」、興建中潭公路等創舉。我在總統任內的副祕書長、現在也是「馬英九基金會」執行長的蕭旭岑，就是敦義兄擔任縣長的南投子弟，他告訴我，敦義兄在南投建設甚多，政聲卓著，即便已經過了數十年，南投縣民對「老縣長」的懷念，歷久不衰。

也是因為敦義兄出身基層，對地方民意掌握精確，又對民眾的需求了解深刻。他在行政院長任內，發掘民瘼，喊出「庶民經濟」，台灣二〇一〇年的經濟成長率達一〇．七六％，是二十四年來最高。在瑞士洛桑國際管理發展學院（IMD）的國家競爭力評比中，台灣連三年獲世界第八、六、七名，創下我國參加評比近三十年來最佳成績，膾炙人口。他又推動台海兩岸簽署ECFA（兩岸經濟合作架構協議）、「兩岸核電安全協議」等二十三項協議，利於兩岸和平穩定發展。二〇一一年我決定請他擔任我競選連任的副手，也公開肯定他在閣揆任內，確實能以民眾為念，對民眾的感受有悲天憫人的情懷。

關鍵時刻的情義相挺

這麼多年過去，敦義兄始終未變，如同我對他當年第一眼的印象：聰穎幹練，懷抱遠大理想，對黨、對國家非常忠誠。尤其是蔡英文政府上台後，打著「轉型正義」之名，行政治鬥爭之實，全面清算國民黨黨產，在國民黨最孱弱時，敦義兄願意一肩承擔，毅然扛下黨務重責，還帶領國民黨大贏二〇一八年「九合一」地方選舉，更讓人深為感佩。

除此之外，我要特別提幾個敦義兄在關鍵時刻，展現的關鍵作用。

二〇〇七年二月，我因特別費案遭起訴，請辭黨主席，擔任副主席兼祕書長的敦義兄，強力建議代理主席吳伯雄召開臨時中常會，修改一經起訴即取消參選資格的「排黑條款」，回歸黨章中一審被判有罪始得停權的規定。敦義兄告訴我，這是為了避免民進黨操弄司法，讓國民黨少了可戰之將。不料中常會有極少數異議，敦義兄與伯公低頭商議後，旋即宣布：「不然我們來表決！」當場化解爭端，他在關鍵時刻出手精準，一言定紛，讓我印象深刻。

二〇〇七年，我競選總統時，提出最重要的兩岸政策原則：「不統，不獨，不武」。原本我與蕭萬長副總統、蘇起兄、敦義兄討論時，是思考提出「不獨，不統，不武」，但敦義兄建議我調整順序，把「不統」擺在最前面，化解外界對我們國民黨的疑慮，我當場同意，事後證明這個調整是正確的，敦義兄確實非常有見地。

二〇〇九年，我請敦義兄組閣，我們討論到副院長人選時，他主動提出桃園縣長朱立倫為最適合人選。敦義兄告訴我，這個布局有深遠的政治意涵，是要培養朱立倫成為國民黨下一個接班梯隊，讓朱未來能參選人口最多的新北市長，為黨保疆衛土。敦義兄這個遠見，讓朱立倫、侯友宜接連執掌新北市，保住了北台灣最大灘頭堡。

回想起這幾件往事，我要特別感謝敦義兄，不管是在國民黨中央黨部、行政院與副總統任上，盡心盡力，協助我穩住情勢，實有大功。我們之間的互信，也一同挺過了許許多多的政治危機，敦義兄對我，豈止是情義相挺而已，許多重要時刻，他對我的提醒、建言與愛護，都讓我感念在心。

敦義兄出身窮困農家，父親是白色恐怖受害者，他能一路做到副總統，確實是中華民國歷史上的佳話。他從政生涯清廉自持，有優越的行政能力，而且未聞任何弊端，無論為黨為國，都竭智盡忠，俯仰無愧。這次出版回憶錄，回顧五十年從政生涯，我身為他過去的老同事與好朋友，要特別表示祝賀。我們一路走來，相知相惜，與他共事，我深感榮幸。

（本文作者為中華民國第十二、十三任總統）

自序

堅毅不移，初心如一

吳敦義

「聖人無常心，以百姓心為心」，意指為政者通常不該為自己的私利考慮，而應以百姓的苦樂為念。老子《道德經》的這句話，是從政者所應身體力行的，也是敦義從政之初即奉行的圭臬。

歲月如流，回想敦義一九七三年參選台北市第二屆市議員並順利當選，那時才二十五歲；不經意，四十餘年的時光，竟然無聲無息地從指間匆匆滑過。當年是滿頭黑髮的我，如今已是一頭銀髮，儘管是同樣的平頭短髮，只是，顏色已改。

在兩屆台北市議員之後，敦義歷經南投縣長兩屆八年、高雄市長兩任八年半以及三屆南投選出的區域立委，其後又任行政院長、副總統，倏忽已近半個世紀，誠是盛年不再。

無論在哪個職位，敦義都是盡心盡力、無私無我、毫不懈怠，所以得以交出堪能告慰鄉親、國人的從政成績單。尤其是無負經國先生與《中國時報》余紀忠董事長，對敦義的照顧、栽培與期許，兩位先生如今皆已辭世有年，但敦義對他們的感念，未曾或減。

那一年，敦義還是台大歷史系二年級的學生，因為在台大校刊《大學新聞》寫的一篇社論〈台大人的十字架〉，經國先生約見敦義剴切勉勵，讓敦義甚覺榮幸；後來又鼓勵我參選台北市議員及南投縣長，讓敦義成為青年參政的典型；因為經國先生的知遇，敦義才能順利從政。

而在從政之前，敦義自軍中退役，以一封毛遂自薦的信函，獲余紀忠董事長之賞識，得以進入《中國時報》服務，擔任市政記者，秉春秋之筆仗義執言，為弱勢鳴不平，也撻伐諸多不公不義的弊端。余老不但提供工作機會，在我當選議員後，為了使我保有清廉從政的節操，還讓我轉任報社主筆，得以領有一份薪水，我也才能全心全意問政，免於經費匱乏的後顧之憂。

從政近五十載，一九九八年競選連任高雄市長失利，是敦義個人從政後的大挫折。

外界咸認是非戰之罪，因為那是民進黨的奧步所致，綠營對手以變造的錄音帶，在選前玷辱敦義的人格，一夕之間造成選情逆轉，最後我以四千五百餘票之差落敗；八年後，敦義擔任高雄市長時的副市長黃俊英，又同樣敗於對手的奧步之下，這次相差票數更少，只有一千一百多票之微。

儘管選舉奧步令人痛恨，但敦義遺憾而不記恨，所以後來擔任行政院長，綠營長年主政的高雄以及台南，相關的重大建設，敦義都同樣支持，完全不存任何偏見；建設要公平，民眾是善良、無辜的，作為全國最高行政首長的行政院長，是全民的行政院長而不只是國民黨的行政院長，施政絕對不該分顏色。

二〇二〇年的總統及立委大選，則是敦義政治生涯的另次挫折。

敦義因為從政資歷完整、政績普受肯定，在二〇一七年當選中國國民黨主席之後，即有廣大支持者期盼敦義競逐二〇二〇總統大選。那次黨主席選舉，競爭空前激烈，一般皆謂必然要進行兩輪投票，但敦義在大多數黨員同志力挺下，在第一輪即以五二%的得票率當選。為了回報黨內民意的支持，敦義就任主席之後，即告跑遍全台及外島，也因而二〇一八年九合一選舉，國民黨在全國二十二縣市，贏得了十五個縣市長與十九個縣市議長。

不過，就因九合一選舉大勝，黨內有志問鼎二〇二〇大位的，紛紛表態要參選，敦義顧及黨內和諧與團結，所以宣布「只輔選不參選」，無奈黨內競爭激烈，加上總統初選採行全民調決定，給了民進黨陣營操弄的空間，以致未能反映真正的民意所歸。大選結果非僅總統大敗，即連區域立委亦被拖累，尤其是雲林以南的區域立委候選人全軍覆沒，只有政黨票與民進黨平分秋色，敦義當即請辭黨主席以示負責。

佛教經典《大方廣佛華嚴經》有云：「不忘初心，方得始終。」敦義從政以來即是抱持一心為民、一意為公的信念，未來，無論晴雨，無論得失，依然不改初心。

前言
惟有青青草色齊

「這是我在立委任內極力爭取，二〇〇九年三月完成的，你看這路多漂亮，」車子高速駛在國道六號，「等於打通了南投的任督二脈，」前副總統吳敦義說。

這條路關係著偏鄉的對外交通。此外，吳敦義在行政院長任內，也批准興建了國姓交流道及國道三號的南投、竹山交流道，讓往來旅客的交通更加便利。

資歷最完整的政壇人物之一

二〇二〇年九月下旬，無「官」一身輕的吳敦義，帶著台北的友人回到故鄉南投，走訪他在南投縣長、立法委員及行政院長任內推動或爭取的軟硬體建設。

九月，中台灣的陽光炙熱，吳敦義關心民眾福祉的心也依然炙熱。

半世紀前，吳敦義初入政壇，一出馬競選台北市議員，就出類拔萃，是當時蔣經國總統重點培植的台籍新生代，一路競選以來都是常勝軍，而且是絕對的勝利：兩任南投縣長、高雄市半官派市長及第一次民選市長，三屆南投縣區域選出立法委員，都是高票當選。第二屆南投縣長，甚至創下台灣地方自治史上九六．一三％得票率。在二〇一七年國民黨主席選舉時，以過半數領先其他五位競爭者。從地方到中央，他堪稱是台灣重要公職資歷最完整的政治人物。

到高雄一遊，才發現現在最著名的美術館、都會公園、三民一號與二號公園和愛河整治、百年水管汰舊換新、眾多高雄的大學設立等，都出自時任高雄市長吳敦義之手。更重要的是，他終止了壽山、半屏山與駱駝山的採礦權，讓製造水泥過程中傷害市民健康數十年的石灰粉塵不再飛揚。此外，諸如解決台南及高雄地區飲水問題的南化水庫，以及高雄市政府近年極力對外推銷的「亞洲新灣區」等，其實從他一九九〇年代擔任高雄市長起，一直到二〇〇九年出任行政院長，都持續在爭取、建設，才有今天的成果。只是，當時每分錢都花在建設，不曾花在政策宣傳，以致不少人誤以為全都是後來其他政黨所建。

有為有守、清廉自持的布衣卿相

二〇〇七年出任中國國民黨祕書長、副主席，襄助馬英九當選總統，二〇〇九年擔任行政院長。出身南投窮困農家，父親是白色恐怖受害者的他，是近年台灣布衣卿相的典範。

他率先提出「庶民經濟」的概念，而有具體的實踐步驟。十年後，其他政治人物再提出來，成為朗朗上口的競選詞彙，但他卻早就做到了。

在立法院，他是少數最能為部長擋子彈的閣揆，立法委員各種刁鑽詰難，他都挺胸上陣，親自回答。他重振行政首長的尊嚴，「我們去那都很心安，知道有他頂著。」曾任勞委會主委，同時也是二〇一六年的副總統候選人王如玄這麼說。

他也是第一個讓中華民國的經濟成績名列前茅，將世界競爭力評比推進到第六位的閣揆，並將經濟成長率拉至二十四年以來最高點。二〇一〇年經濟成長率一〇．七六%，從此成為絕響，台灣的經濟表現至今尚未超越這個紀錄。

在他的任內，似乎連上天都在幫台灣，那兩年半裡台灣絕少天災。地震、颱風、暴雨都沒有造成大規模災害，真正國泰民安。

但是，他最為人稱道的不僅是傑出的治理才能，而且是清廉自持、耿介不阿的人格特質。兩屆台北市議員、三屆立法委員，從來不曾承包政府工程或生意，也不收選民請託紅包，更不曾花錢買票。

擔任政府首長，他以身作則，奉公守法。南投縣長、高雄市長及行政院長任內，吳敦義都不曾有貪汙或違法的記錄，真正做到「多植荷花塘自清，勤反腐敗政自明」。

一九四九年以來，台灣政界雖然不乏廉能之人，但我覺得在這時代保持風骨更為難得，吳敦義擔任公職之初，適值台灣經濟急速起飛，政商關係日趨綿密複雜，他要抵抗的誘惑更多，尤其在高雄市長任內，多項開發案同時進行，土地價格飆漲，差距二、三十倍之多，隨便以人頭名義買一塊地，他現在的資產即以億計算，但是他不曾動念。他始終保持從政初心——勤以為民，廉以養德。

生命力強韌的舵手

昔日的國民黨，黨產和經費充裕，黨主席毋須為開銷操心。但二〇一七年八月吳敦義接任黨主席時，國民黨的黨產已被所謂的「黨產會」凍結，黨產歸零，他不只是個兩袖清風的黨主席，每個月還要籌借約二千多萬元，支付黨務開銷及黨工薪水，讓黨務得以維持正常運作。

二〇一八年九合一選舉，因為民進黨施政悖離民心，在艱困情勢之下，國民黨在吳敦義的正確領導與用心布局下，大獲全勝。當選舉大勢底定，他率領競選團隊向國人致謝後，馬上轉入黨主席辦公室，撥打電話給各縣市議員當選人，除了恭賀他們，還叮囑支持國民黨議長人選。後來國民黨不但在二十二個縣市贏了十五席縣市長，更贏得十九個縣市議長。

眼看二〇二〇總統選舉國民黨勝券在握，未料，因各種內外因素，二〇二〇年國民黨的總統和立委的選舉戰果不盡理想，只有政黨票與民進黨平分秋色、席次相當，但擔任黨主席的他二話不說，馬上擔負全責，立即辭去黨主席之職。選後，很多親近的人希望吳敦義放下二〇二〇的得失，因為他已盡力，身為一個有擔當的舵手，他對得起國家，更對得起國民黨。

二〇二〇年一月之後，吳敦義閒雲野鶴，甚少出現在媒體上，三月間處理困擾他多時的膽結石。其他大部分時間，都花在北、中、南及外島訪友，感謝多年來支持他的朋友們。週末則四處踏青、爬山，二〇二〇的很多挫折，似乎雲淡風輕，但在他心中仍然存著警惕。

春日多雨，吳敦義有著「三分春色二分愁，更一分風雨」的情懷；夏雨急降，他和家人仍然堅持向前行；秋天雨後，感受「雨過橫塘水滿堤，一番桃李花開盡，惟有青青草色齊」的景象。也就是桃花、李花雖然美麗，但青草最有生命力，象徵著他對台灣以及自己依然樂觀，面對嚴峻挑戰，仍然昂首前進，不向風霜雪雨低頭。

第一部

英雄出少年

Chapter

1

那時，我才五歲……

——走出白色恐怖年代

他的父親吳奚是白色恐怖受害者，被人無辜陷害，用從死神搶來的時光，不抱怨、不記恨，安分做了二十多年里長。

吳敦義成長在一個心理健康、力求上進的家庭。他選擇不要時刻啃囓傷口。一九八八年，於南投縣長任內下令燒毀人二資料；擔任高雄市長後，在壽山山坡上建立第一座官方二二八和平紀念碑，以行動促成族群和解。

一九六八年與《大學新聞》之台大同學參訪台視公司。右起為林慧明、周天瑞、劉尚儉、吳宗錦、吳敦義。

「那時我才五歲，並不知道父親如何被抓入冤獄，只知道爸爸兩年多不見。」回憶起一甲子多年前的往事，吳敦義搖搖頭。

一般來說，五歲應該已有記憶，尤其如是創痛，如此聰穎的小孩怎可能忘記？或許是父親受白色恐怖牽連入獄，家裡遭逢巨變，自己無能為力，只有強忍心中的痛苦與不安。

受白色恐怖牽連的父親吳奚

但是，他不要把仇恨記在心中，也不要時刻啃齧傷口。一九八八年八月，在第二任南投縣長任內，就下令人二室燒毀所謂的「忠誠資料」，是全國縣市長裡，第一個採取行動的，他說：「太多人被冤枉、太多人挾怨報復，更有太多人遺憾終生。」所以他要盡自己所能，療癒其他白色恐怖的受害者。

當他就任高雄市長後，立即籌畫在壽山山坡上建立「二二八和平紀念碑」，也是第一個建立官方紀念碑的縣市政府首長。

吳敦義生長在一個極平常的家庭，是在南投縣草屯鎮新庄里的一個農村。草屯鎮舊名「草鞋墩」，因盛產草鞋而聞名。此處是交通樞紐，當時往返鹿港、埔里之挑夫，行旅至此略作休息，並更換腳上破損之草鞋，換上新鞋，時日既久，棄於道路旁之破損草鞋，便累積如土堆一般高，故稱此地為「草鞋墩」。

吳家家境清苦，祖父早逝，祖母靠著為人洗衣、做工，讓父親吳奚到日本留學。吳奚力爭上游，到了日本，一個人先在東京研數學館（相當於高中）讀書，後來考入早稻田大學修習法政，成績優異，但因母親病重，必須返台照顧而放棄學業，也成為吳奚終生的遺憾。

吳奚在南投新庄國小教書，曾經參加蔣渭水組成抗日的「台灣文化協會」，經常演講，口才好，又年輕，很受鄉里歡迎。

二次大戰後，台灣光復，吳奚受到政府當局任用，出任大台中縣政府社會科科長，那時的大台中縣等於現在的台中縣、台中市、彰化縣及南投縣四個縣市。大台中縣長于國楨，是蔣經國在俄國留學時的室友，吳奚就等於是于國楨縣長的一級主管及機要祕書。

當時有不少外省官派首長的風評很差，于國楨則頗得好評，他有黑頭車不坐，覺得汽油太貴，連三輪車都不坐，喜歡自己騎單車到處巡訪，了解農民疾苦。他平易近人，因臉上長痲子，鄉下農民取個綽號叫他「痲皮伯」，可惜五十四歲時就心臟病去世，台中農民組團來祭拜，在靈前痛哭失聲，地方父老公認他是個一介不取的好官。

後來，吳奚從縣政府轉任大台中縣農會總幹事，並當選分縣後的第一屆南投縣議員，他大力支持政府「三七五減租」、「耕者有其田」政策，為農民奔走各方，也累積很多人脈，是當時的政治菁英，再過幾年會是角逐南投縣長的熱門人選。

仕途順利的吳奚，卻在一九五三年受到白色恐怖牽連，有犯人誣陷他在二二八事件期間曾是共諜，沒幾天就被抓走了。當時同樣的故事發生在無數的家庭裡，被抓走、無音訊、不知關在哪裡，家人驚懼、惶恐，無語問蒼天，鄰人怕牽連，冷漠疏遠。吳奚三個月音訊全無，前後關了兩年九個月，想必受到諸多折磨、刑求，但舊式男人一切自我壓抑著，似乎沒有痛苦呻吟的權利，當然更不會告訴子

1950年1月10日，父親吳奚（後排右一）參加「台灣省省縣市局農會理事長首次聯席會」，合影於台中縣農會前。

女。

依吳奚被控罪名，如果屬實可判死刑，但是他居然逃過鬼門關，也算是異數；原來誣陷他的那個人，以為自己或可被輕判，未料仍被判了死刑，臨行刑前，良心發現，咬破手指，把囚衣撕下一大塊，用鮮血寫了遺書，陳述吳奚的冤情，寫完後拿給看管的獄卒，獄卒又設法把這封信交給軍事檢察官李烈，李烈詳細調查後，查明冤情，吳奚獲得不起訴處分，撿回一命，真是時也命也！李烈是吳敦義全家的救命恩人，後來住在台北市中正區，每年十一月過生日，吳敦義都會去看他，以表達感謝之情。

九十九分的警惕

從冤獄中出來後，吳奚絕少抱怨，更遑論記恨，頂多只是怪自己生錯年代，在那混亂不安的年份裡，好人也會受苦，更不願和別人一起批判時局。吳奚用從死神手上搶來的時光，安分地做基層里長，長達二十多年，雖然職位比以前低，但他照樣樂在其中，而且認真負責，連任多屆，即使後來競選時生病住院無法出面拉票，都能順利當選，真是所謂「躺著也能當選」，餘生有著借來的幸福感。

吳敦義總是說，父親沒有留下有形財產給他，但留下很多無形財產，例如耿直善良、關心民眾，後來他回去競選南投縣長時，父親已過世，但地方人士甚為尊敬吳父，而且將尊敬轉化為對他的信賴，這些無形資產比有形資產寶貴得多，他自覺是「餘蔭甚厚」，這些餘蔭，是隱形的，一輩子受用不盡。

吳敦義的母親不識字，婚前婚後家境貧寒，各種家務、農事一肩挑，當時吳家分得幾分薄田，母親要插秧、種地，半夜還要去巡田，看田裡水是否適當，多不行，少也不行。

吳家這個孩子生於農曆十二月二十日，生下來一歲，到了農曆春節又多加一歲，也就是才出生十天就已經兩歲了。雖是提早入學，還是比同學高一個頭，日後長成一八一公分的大個子。

身體早熟，感情也早熟，他的妹妹吳素真比他小十歲，生下來時，家境已很困窘，吳伯伯、吳媽媽太辛苦了，想把妹妹送到鄰居做養女，和兒子商量是否要把妹妹送走，吳敦義說：「不好啦！我只有一個妹妹，妹妹只要添個碗，多一口飯，我少吃一口，就給她吃好了。」他大學畢業退役後，馬上把爸媽和妹妹接到台北。

十二月的冬陽暖暖地照著，幾位吳敦義小學同學洪桂林、曾明鑫等，聚在九十四歲的老師洪炎森家裡，陽光照進屋內，金色的光線在雪白的牆壁上一寸一寸地移著，他們有一搭，沒一搭，談著吳敦義，眼前人都有孫子，面上也見風霜，但好似都回到了新庄國小。

「他專心、記憶力又好，所以每次學期開始沒多久，就已經把課本看完了。」

「不必預習，不必複習，（可謂超前部署）。隨便考，不小心，老是考一百分。」

「敦義記憶力超好，初任南投縣長，四百多個村里長，他能記得三百多個名字，甚而記得村里長家人名字以及拜什麼佛、吃什麼齋。」

洪老師這時開始說話了：「有次月考，一位同學得八十分，我讚揚這位同學，吳敦義考九十九分很得意，我打了他一個手心，下課後，他很不服氣，到辦公室問：『我為何挨打？』我說：『那位同學從六十幾分進步到八十分，可見他

吳敦義（第一排左一）國小時期與同學及恩師洪炎森的照片。

有努力，但你可考到一百分，卻粗心大意，我是警惕你不能志得意滿。』」

這是老師洪炎森怕他太驕傲，對他施予「另類」管教法。

二〇二〇年九月，剛去參加母校新庄國小一百週年慶的吳敦義，拿出母校的百年紀念冊，這也是對母校的孺慕之情，那是他的啟蒙之地，也學到做人應有的原則。

小學教育奠定終生基礎，他的小學校長洪育錡終身以辦學為念，每天早上六點半就到學校，巡視校園，看到垃圾或樹枝，總是自己撿起來，看到學生總是親切招呼。放學後，待到很晚，直到老師、學生都離校後才回家，終其一生皆如此。以前這些師長在的時候，每年教師節吳敦義都會請他們聚一聚，感念師長們對他的嚴格教導。

適情適性的年少時光

小時候，吳敦義家境雖清苦，但生命力強盛。夏天沒有鞋穿，赤腳走在滿是碎石子的路上，痛得不得了，和同學一起邊走邊叫，真的受不了，就靠著旁邊草地走。他們只有一套制服，星期一穿到星期六，星期天洗，星期一再穿去上學一星期。

家裡最常吃的是空心菜，加菜時是母親到市場買連皮肥豬肉，「榨」出豬油後用豬油拌飯，剩下的皮也脆，沾醬油吃，算是美味的一餐。

閒暇時，他常到廟口看歌仔戲、木偶戲，逢年過節鄰里團聚，沒有iphone手機，沒有遊戲機，但他們自有純天然的娛樂節目。

那時草屯盛產瓊麻，收割後剝皮，製成麻布袋，剝起來極其單調，大家就圍成一個圈，一面聊天講古、一面剝，自有團結溫馨之感。一向快手快腳的吳敦義剝得最快，還系統化，教大人怎麼剝才剝得快。

星期天，吳敦義與鄰居結伴去教堂做禮拜，結束後領麵粉、黃油等。遊戲頂多玩橡皮圈、紙牌、陀螺，還有豐富的大自然賜予，玩泥巴、抓青蛙、蟋蟀、螢火蟲，取自大自然，比現在的高科技玩具好玩得多。

一忽兒，小男孩十二歲，要升中學了。草屯是鄉下，當時為了就讀好的中學，都流行到台中，他雖然保送草屯初中，家裡督促他去參加台中聯考，卻沒有考上第一志願台中一中初中部，而是考到第二志願中一中在豐原的「翁子分部」；五十九年過後，好強的吳敦義仍然說，「這是很大的挫敗」。

對這個寶貝兒子，家裡當然要好好培植，剛上初中，媽媽打包一起去豐原陪讀，把妹妹也一起帶去，爸爸留在家裡當里長，初二吳敦義才與同學在學校附近租屋。

不過，高中倒不必考，因為初中成績優越，直接保送母校中一中高中部。吳敦義說，那時省立台中一中有不少好師長，例如黃金鰲校長是非常了不起的教育家，高一十班的劉騮老師不但國文教得好，身教也沒得說，至今他仍感念不已。

高中期間，讀書照舊好，多元的課外活動及擔任校刊《中一中青年》總編輯，奠定了他日後新聞及政治生涯的基礎，幸運的是，學校及父母讓他適情、適性地發展，既不揠苗助長，也不一味規範守舊。

十七歲的寂寞、少年維特的煩惱，他都沒有沾上邊，也從不怨嘆生命蒼白，每天就忙著讀書。

這時比他小兩歲的馬英九進入位於台北市大安初中，比他大五歲的劉兆玄即將畢業於台大化學系，振筆疾書武俠小說，希望賺得出國讀書的費用，他們的命運和台灣的命運同時在急遽改變中。

在中一中時，吳敦義忙於兩項課外活動。

一是參加救國團舉辦的自強活動，他不單參加，而且負責協調，例如調借車輛，載送同學遊覽名勝古蹟，也策劃康樂節目，是很好的協調力訓練。

二是寫作，本來他也如前行政院長劉兆玄一樣，想寫武俠小說，後來發覺「工程」太龐大了，不單要有想像力，也要花時間，對課業會有影響，因此他改寫短篇小說，還曾得過中部地區舉辦的小說獎，也常寫評論和散文，投到《中央日報》。

當然有些事也未能完全盡如人願，大學聯招時，家人都希望他報考醫學院，畢業後當醫生，既能賺錢又有社會地位，他們也相信他一定考得取，但是他從小害怕看到血，因為曾經看見一個小孩子受傷，血流如注，好幾天都吃不下飯，流血影像一直留在腦裡，這麼怕見血，怎麼能當醫生呢？所以放棄就讀醫科。

他從小喜歡歷史，第一志願要進台大歷史系，但大學聯招只考上政大東語系韓文組，不過在政大一年一度廣受師生的「新生杯辯論賽」，他初試啼聲，卻是一鳴驚人。他及其他幾位同學組成的東語系代表隊，打敗向來稱霸的外交系，奪得了冠軍。

〈台大人的十字架〉引發熱烈回響

政大讀了一年，第二年吳敦義參加轉學考試，進入第一志願台大歷史系。台大歷史系五六年班的同學中，後來有人當院長、部長、館長，藍綠中間派都有，例如綠營大將前教育部長杜正勝、前國史館長張炎憲，還有位成吉思汗的嫡系、正宗的「蒙古王子」史耀古，以及從輔大轉學到台大歷史系的《新新聞》創辦人周天瑞；而這班的老師也很有名，包括著名學者許倬雲、張忠棟、李永熾等。

一九六八年五月二十四日，當時五十八歲、聲望日隆、充滿神祕色彩的國防部長蔣經國，在他兼任主任的救國團總團部，約見台大二年級學生吳敦義，因為四月十七日台大《大學新聞》周報上的一篇社論——〈台大人的十字架〉。當時負責接待的是救國團李煥主任祕書、宋時選祕書和簽請約見的文教組馬鶴凌副組長。

吳敦義回憶當年他從政大踏上台大椰林大道，原本充滿憧憬：可以傾聽名師傳道解惑、與同儕腦力激盪，在傅鐘前沉思。

但進了台大後，卻失望地發現台大人並不如他所想像的那般奮發，台大青年如此，其他校的大學生何嘗不是？

於是有天晚上，擔任《大學新聞》總編輯的他，重筆寫下了題為〈台大人的十字架〉這篇社論，對台大人提出嚴厲批評，他直言：「就憑這些，能創造中國的光榮和傳統嗎？今天的台大人不是以北大的精神繼承者自居嗎？不是以人中豪傑、國之菁華自傲嗎？但捫心自問，可曾有過『創造中國的光榮與傳統』的壯志？可曾勇敢的把『知識份子的十字架』揹起來？」

計利當計天下利，求名應求萬世名

半世紀多以後，他回眸，那時確實年輕氣盛，看到很多台大青年頹廢、強說愁，也是恨鐵不成鋼，因為很多國家的國魂都是靠該國的第一名校振興的，台大是台灣第一學府，台大魂沒有了，「還說什麼中國魂呢！」

今天看，年輕人也許覺得太宏大、太遙遠，太難背負。但三、四、五年級生仍然記得那是個以身相許國家的時代，是知識份子，尤其是國立大學師生就更須背負十字架，是「計利當計天下利，求名應求萬世名」的時代。這是年輕的吳敦義肺腑之言。

這篇文章刊出來，很多報紙轉載，不少大學也都來購買《大學新聞》，可說轟動一時。

吳敦義這篇的確是經典之作，連四年後考進政大東語系的我，都還聽說過這篇文章，有些同學還很驕傲這是出自學長之手，想是至情至性，由內而發。一份學生報紙，一篇學生社論受到如此重視，大概也是空前絕後了！

因此，蔣經國請馬鶴凌去聯絡吳敦義，表示要約見他。當時被蔣經國約見，是無上的榮耀，令人興奮，給他的鼓勵很大，也等於長輩肯定了他的理想和熱忱。

一個多月後，蔣經國以國防部長的身分，在成功嶺大專學生暑訓開訓典禮，

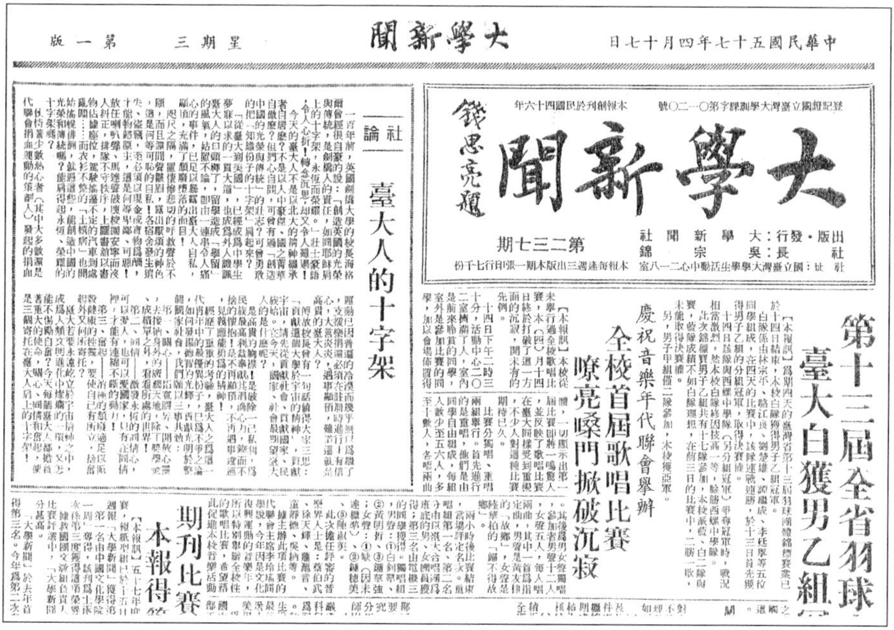

中華民國五十七年四月十七日　大學新聞　星期三　第一版

大學新聞

錢思亮題

出版・發行：大學新聞社
社長：吳宗錦

第二三七期

社論　臺大人的十字架

第十三屆全省羽球　臺大白獲男乙組冠軍

慶祝音樂年代聯會舉辦　全校首屆歌唱比賽　嘹亮嗓門撕破沉寂

本報得獎　期刊比賽

1968年，在《大學新聞》發表了〈台大人的十字架〉。

以「要往下扎根，向上結果」為題發表演說，再度提到〈台大人的十字架〉這篇文章，並指出，「這是年輕人的正路與活路，全國有志青年都應該響應這群朋友的呼聲。」

「學生時代的自我期許，竟得到輿論和政府高層首長的強烈共鳴，更加強了我追求理想的熱忱與信心。」吳敦義堅定的神情，透露了當時的心跡。

當年轉達經國先生訊息的救國團文教組副組長馬鶴凌，就是馬英九前總統的父親，馬前總統還是吳敦義台大的學弟，所以他常跟小二歲的馬英九說：「我二十歲就認識你父親了。」馬英九回說：「那我應該叫你叔叔了？」吳敦義亦帶著戲謔口吻說：「你敢叫，我就敢應。」

▼Inside Story

台大人的十字架

吳敦義

一百年前，英國劍橋大學的校長海格爾曾經很自豪的說：「創造英國的光榮與傳統，是劍橋人的責任，如同耶穌肩上的十字架，永恆而榮耀。」壯志豪語，令人心折！轉念沉思，卻又令人難過！

今天的台大人不是以北大的精神繼承者自居嗎？不是以人中豪傑、國之菁華自傲嗎？但捫心自問，可曾有過「創造中國的光榮與傳統」的壯志？可曾勇敢的把「知識份子的十字架」揹起來？

「從台大到美國」，已經成為中學生夢寐以求的一貫大道，也成為外人譏諷台大人的口頭禪了，留學造成「學留」的風氣，姑且不論，即由一連串令人痛心的事件，已足以暴露出台大人自私、顢頇，充滿了頹廢墮落的面目！

咫尺之隔，置淒慘悲切的呼救聲於不顧，而且還聞聲皺眉，露出厭煩的神色，這是何等可恥的自私！各宿舍發生遺失、盜竊，至必須以現金或實物為酬，才能物歸原主，這是何等卑鄙、可惡！放任喇叭聲、馬達聲破壞校園安寧而沒人糾正，排隊不守秩序，上圖書館以書物占據座位，駕駛搖蕩不定的汽車到處亂闖……而衣衫不整的「土嬉痞」也已開始搖晃徘徊，就憑這些，能創造中國的光榮和傳統嗎？能肩負得起永恆、榮耀的十字架嗎？

仗恃著少數熱心者（其中大多數還是代聯會捐血運動的策應人）發起的捐血運動，已因普遍的冷漠而幾乎無以為繼了，支援樂捐還必須在註冊時進行才有信心，大言炎炎，遇事顢頇，難道這就是高貴的台大人？

傅故校長曾有一句話值得大家三思：「貢獻這個大學於宇宙的精神」，貢獻宇宙，請先從貢獻社會、貢獻國家、民族開始。在今天，國家、社會最期望台大人的是什麼？

是高貴的胸襟！是破除一己私利，為民族最高利益奉獻其涓滴心力，鍥而不捨的懷抱！是不再顢頇，不再遇事逡巡，見義能勇為的精神！

經歷了重重的考驗，台大人之為這一代青年中的最優異份子，已為不爭之論，如何發揮德智的光輝，貢獻光明於整個國家社會，我們願以三事共勉：

第一、關心——拓寬眼界、開放心靈，去接納身外的廣闊天地，除了獎學金、成績單之外，看看所處的世界！

第二、同情——激發永恆的同情心，可以愛人，也可以愛國家，只有在同情裡，才能有連綿不斷的動力！

第三、奮起——消極的頹廢適足以扼殺健康的性靈，要使自己有所立，捨奮起外又何所寄托？

台大若要永遠屹立於宇宙精神之中，成為人類文明進化中燦爛的一環，又怎能不惕勵自奮？今天每個台大人都擔負著重大的使命，關心、同情、奮起，便是三個寄托在台大人肩上的十字架。

原刊於一九六八年《大學新聞》

與閻振興的忘年之交

吳敦義的銳利之筆不止於此，他的另一篇文章卻要冒更大風險。

一九七〇年臨畢業前夕，五月六日蔣介石總統特任台大校長錢思亮為中央研究院院長，台大校長由閻振興接任。閻振興是當局非常借重的專業科技人才，同時兼任行政院原子能委員會主委，還有中山科學院院長，三個職位都非常重要。

六月一日閻振興就任台大校長，吳敦義在隔天出版的《大學新聞》裡寫了一篇社論，題目是〈辭去兼職，辦好台大——敬向閻振興校長進一言〉。

他在文中談到，台大是中華民國最重要的大學，集全國之青年菁英、最好的師資，還有人民最高的期望，校長是最重要的職務，一個人做已操勞萬分，不一定能做得好，何況一人兼三職，如果其他兩個職位閻先生做得好，就會忽略台大、對不起台大，如果台大校長做得好，就一定會忽略其他兩個，對不起國家，兩種情形都對不起歷史。

這篇文章更具勇氣，因為台大校長可以隨意處置一個學生，何況是即將畢業的學生，家裡清寒，等著這位兒子畢業賺錢養家，為人子的責任才剛開始。

可是他不管了，這是他在《大學新聞》寫的最後一篇社論。他理直氣壯地結語：「我們經過再三考慮，借箸代籌，替你考慮，你現在應該立刻要把台大校園以外的職務全部辭掉，以完全的心、完全的精神，全力投入台大校長這份工作，你才有辦法把校長幹得好，也才對得起學校、老師及所有的學生。」

「這是我送給他的就任禮物，現在想起來還蠻勇敢的，但我也不後悔。」吳敦義笑著說。

閣校長看了這篇社論，馬上約見吳敦義，並且不是在校長室，而是在韓忠謨訓導長的辦公室，因為學生刊物歸訓導處督導，這顯示閣校長對體制的尊重。

二十二歲的青年見到五十八歲的校長，慷慨陳詞、侃侃而談。校長知道他代表學生意見，不能置若罔聞，隔週就把中山科學院的職務辭掉了，同時也託人告訴吳敦義。沒想到這位後生小輩居然「得寸進尺」，向閣校長表示：「這還不夠，再過兩天我們就畢業了，我希望您能讓我們離校時更無牽掛、更舒坦些。」結果六月十七日，在畢業典禮前，閣振興又辭了行政院原子能委員會主委。

年輕人的勇氣固然可佩，但中年人的雍容大度更值得欽佩，閻振興日後變成吳敦義的忘年之交，吳敦義會定期去看老校長，有時聊起往事，兩人不覺莞爾。

▼Inside Story

辭去兼職，辦好台大！——敬向閻振興校長進一言

・吳敦義

台灣大學是中華民國第一名的頂尖大學，我們都希望辦得像北大一樣出色。台大集全國之青年菁英，最好的師資，以及人民最高的期望，台大校長這個位子之崇高，自不待言。

然而，任何一個人的智慧再高，能力再強，集中所有的生命力及精神時間，都還不一定能把台大辦好。

可是，閻振興先生不但兼任行政院部會首長（原子能委員會主任委員），又兼任一個神祕機構（中山科學院）的院長，又來接台灣大學的校長。這三項工作各由一個人去做，都未必做得好，而你卻集三項忙碌的要職於一身，不但分心而且分身，我們可以預見得到，你這個台大的校長絕對幹不好！

你如果要把台大校長幹好，那你另外兩份工作一定是幹不好的；而這還是對台大最好的結果，可是卻對國家毫無助益。

另外一種可能是，你把另外兩份工作幹好，可是台大校長幹不好，那麼，你也對不起台大，對不起歷史。

我們經過再三考量，借箸代籌，替你考慮，你現在應該立刻要把台大校園以外的職務全部辭掉，以完全的心、完全的精神，全力投入台大校長這份工作，你才有辦法把校長幹得好，也才對得起學校、老師以及所有同學，謝謝校長！

原刊於一九七〇年《大學新聞》

Chapter

2

二十五歲，你在做什麼？

——計利當計天下利

他把青春的腦汁獻給了思辨、歷史、撰文及問政，同時還負起養家的責任。

二十三歲結婚，二十五歲育有一男一女，把爸爸、媽媽和妹妹接來台北，克盡為人兄、為人子的責任，並且準備選台北市議員，絕對是早熟的孩子。

一九七八年擔任台北市議員時，於台北市議會質詢，為民喉舌。／台北市議會數位典藏提供

二十五歲是人生重要的分水嶺，體力上達巔峰，初入社會，很多人有著挫折、鬱悶、迷惑，所以網上經常有「二十五歲的你在做什麼？」徵文。

三、四年級生，絕大部分都成長於清寒環境，青春沒法道蒼白，不能奢談「只要我喜歡，有什麼不可以」，現實很殘酷，大學學費已經是父母東拼西湊、親戚半資助來的。大學畢業後，急惶惶地找工作，有了收入，不能像現在的年輕人去網購、逛百貨公司，而是補貼家用。

吳敦義二十五歲前後也做了很多事，寫了諸多文章，把青春的腦汁獻給了歷史思辨、分析評論。二十三歲就結婚的他，二十五歲已育有一男一女，把爸媽及妹妹接來台北，盡為人子、為人兄的責任，而且準備競選台北市議員，絕對是早熟的孩子。

從歷史人到新聞人

一九七〇年吳敦義大學畢業了，七月服預官役到鳳山陸軍官校擔任教官，一年後退役，寫了封自我推薦信給《中國時報》創辦人余紀忠董事長，一九六〇年代是文字至上的時代，大家都尊重寫作者，很多從大陸來台的新聞界人士，如中央社社長馬星野、蕭同茲，民間辦報的余紀忠等，他們把希望寄託在年輕一代，愛才至深，尤其賞識文章寫得好的晚輩。

余紀忠收到信後，馬上約吳敦義吃中飯。看到桌前這位自信滿滿、侃侃而談的台大歷史系畢業生，當即決定讓他採訪政治新聞。因為對財經新聞不熟，對社會路線也不適應，只有政治新聞組最適合，總統府、立法院、行政院隨他挑，他挑了台北市政，特別是市議會路線，後來也以此為起點，出來選台北市議員。

《優傳媒》及《新新聞》創辦人周天瑞，向來肯定吳敦義將政治當作志業來經營。就像爬企業的階梯，從基層做起，有企圖心的人總希望升到經理、總經理、CEO，他說這也沒有什麼不對，政治是個需要專注的行業，重要的是一、清廉，二、能力，而且是為公服務，所謂人在公門好修行。這種時代是更需要有才、有品的人把政治當作志業來經營。

德國政治學者漢娜·鄂蘭（Hannah Arendt）早在一九六〇年代就主張：政

治參與不是民主社會中公民的消極負擔，而是人們創造歷史的積極權利。政治活動也不只是虛偽狡詐、合縱連橫，而是人類顯現一己真性的活動。

進入《中國時報》工作，吳敦義從歷史人成為新聞人，「今天的新聞是明天的歷史」，對學歷史的他而言，追尋真相，對國事的熱愛和關切，早在求學時代就顯露，因此他喜歡以史為鑑，研究人類歷史演變中可以學到的教訓，不單為國家社會參考，也可為個人做參考。記者生涯是他實踐政治抱負的起點。

第一條路線是跑台北市政府，民政、地政和財政三個局處。三個月後，採訪主任張屏峰調他主跑台北市議會新聞，對市政了解的範圍和視野更為寬闊，許多議事運作、府會折衝的技巧和「眉角」，逐漸深入掌握，將近兩年的採訪生涯，目睹若干市政積弊和市井小民的疾苦，必須振筆直書，懷著為生民立命、為社會伸張正義的決心，對市政興革的看法，就在《中國時報》一篇又一篇的新聞報導和評論中呈現。

例如市府在信義路興建的信義國宅，樓下市場、樓上住家，因為偷工減料嚴重，鋼筋多處裸露，遇雨更是四處滲水，數百戶居民苦不堪言，連年陳情，不是碰壁，就是小修小補，敷衍了事。官官相護的結果，許多住戶眼看求告無門，瀕臨絕望，都快放棄了，經過他大篇幅報導揭發，市議員仗義質詢，終於遮蓋不住，違法瀆職的市府高官撤職法辦，偷工減料處大規模整修補強，終於為哀哀無告的市民出一口氣！

拒絕誘惑的市政記者

吳敦義採訪議會新聞時，有一事值得一提。

在一九七〇年代的時候，大台北瓦斯的售價調整需要經議會通過，所以每次調整價格，都必須過關斬將，尤其議會這關，從建設小組到大會，審議過程冗長，正反主張紛呈，保駕護航和反對漲價的兩軍對峙，不僅檯面上舌槍唇劍，互不相讓，檯面下更是合縱連橫，交易頻傳。報導深入、分析精準的吳敦義，自然也成為兩軍決戰中雙方爭取的目標。

某天午後，大會劍拔弩張的戰役暫歇，吳敦義抽空上洗手間，忽然一位護航派主帥某議員快步靠近，看左右無人，將一大捆用報紙包裹的東西（想也知道是現鈔）塞到他手中。吳敦義當下毫不思索就拒收，推讓數次，他臉色一變，嚴肅的告訴對方：「《中國時報》的記者不會收這種錢！」那議員才停手。

事過年餘，這位元老級的議員大力向國民黨推薦提名他參選台北市議員，他當選議員後，這位議員告訴吳敦義，之所以推薦他，是因為他禁得起考驗，「月薪三千元的記者，能毫不思索拒絕三萬元的外快，不簡單！」

後來吳敦義憶起此事：「我想，這是從小受父親身教言教的庭訓，讀書時老師教誨，進《中國時報》後余紀忠先生的風骨影響吧！」

在「吹台青」大時代下脫穎而出

一九七一年，我國對外貿易首次出現順差，雖然只有幾百萬美元，這個數字卻使得這個島嶼上的人們，第一次感覺我國終於能夠自立了。

但是十月底，從美國紐約傳來的消息，將這份喜悅和信心打到谷底，聯合國以七十六票對三十五票（十七票棄權）通過中共入會案，我國被排除了會籍。

外交部長周書楷宣布我國退出聯合國，隨即走下墨綠色大理石演講台，帶領我國代表團走出會場，非洲國家代表在會場上跳舞相送，退出聯合國後，朝野最擔心的是與我國經濟密切相關的日本，可能搶搭與中共建交巴士，不到一年，這項擔憂終成事實。

一九七〇年年初，蔣經國接任行政院長，長久以來，他秉持生根台灣的信念，在一九七〇年赴美國訪問時，在紐約一棟大樓外，遭到台獨分子黃文雄等狙擊，他一直想不通，為什麼有些台灣人恨他如此，想要置他於死地。最新公開的《蔣經國日記》裡，有兩、三年蔣經國一直耿耿於懷，黨務工作人員太多、太保守，本省籍太少，須吸收青年入黨產生新力量。此段時間，蔣經國開始認真培植本省籍專業人士。所以一九七二年組閣，閣員就包括李登輝、謝東閔、張豐緒、林洋港、郭婉容等。當時有人暱稱當紅者是「吹台青」，就是口才便給的台籍青年，容易得到層峰賞識。

回顧整個台灣大時代，除了眾所皆知的大人物，更有許多小人物，一個個小人物組成一個個小故事，一個個小故事再串成大故事，交織成大時代的圖像。

一九七三年上半年，國民黨主席蔣經國與當時台北市黨部主委易勁秋商討下屆台北市市議員的國民黨提名人。在古亭區裡，他用紙條寫下了「吳敦義」三個字，吳敦義的廉潔、效率，以及對國家的忠誠，蔣經國有所聽聞，何況，在吳敦義的大學時代，就曾因〈台大人的十字架〉一文約見過他。貧困農村出身，二十五歲的吳敦義，就這樣獲得從政第一個舞台，沒有台北市議會的舞台，也不可能有接下來南投縣長、高雄市長、行政院長等機會。

到底是風雲際會，還是努力得成，兩者都有吧！有人說，機會總是給有準備的人，但毋寧說，你愈有準備，就有愈多機會降臨。

要競選市議員必須先徵得《中國時報》余紀忠董事長的同意，吳敦義因為任職才兩年就要離開報社，沒有把握能否得到老闆首肯，沒想到余紀忠不但點頭，還到會計室提領一筆錢親手交給他做競選經費。

投入選舉，就像從小到大做什麼事都全力以赴，吳敦義迅速堆起人脈，有當地鄰居、有同事、還有義警，更有當初他在《中國時報》寫稿時，為他們仗義直言的小市民。

南投在台北的鄉親為他成立了「台北市南投同鄉會」；過去在萬華區姊姊家旁租過房子，所以他到古亭區參選，等於是「空降」，古亭區的副議長周財源因為即將就任監察委員，因此也極力幫助這個年輕人，馬鎮方書記長引薦他出任古亭區義警中隊副中隊長，中隊裡的三百多位隊員就成為他的有力支持者。

「我從政以來，沒有花過錢買票，也沒有和政府做過任何生意。」吳敦義說：「我們家的票也不賣的，連我媽媽都知道，有人上門買票，我媽媽都會拒絕。」

「我不擔，誰來擔？」

堅定他從政決心的，還有一九七三年農曆除夕夜（二月二日）蔣經國院長的除夕談話。蔣院長話語誠懇、言辭剴切地說，自從擔任行政院長一年以來，感覺到許多事沒有做，也有很多事沒有做好，因此是抱著「對國家、對同胞背負很大一筆債務的心情，在過除夕這一天。」

聽完後，吳敦義心中十分感慨，很少有官員能如蔣經國一樣，拿「還債心情」來忠誠施政。

但只憑蔣經國一個人抱著「還債心情」來做事，是不夠的，公務人員、民意代表不篤行職責，甚至敷衍搪塞、苛政擾民，則一人還債，千百人欠債，國民黨政府要收攬民心，是逆水行舟、緣木求魚。必須有更多人為蔣經國分憂擔勞，「我不擔，誰來擔？」二十五歲的青年吳敦義有此壯志。

當時有一首葉啟田唱紅的〈愛拚才會贏〉，後來變成勵志歌曲，也是很多選舉造勢場合的「指定曲」：

人生可比是海上的波浪，
有時起有時落，
好運，歹運，總嘛要照起工來行，
三分天注定，七分靠打拚，愛拚才會贏。

吳敦義做任何事都是拚勁十足，拚起來就會產生巨大磁吸，愈來愈多人幫助

二十五歲的吳敦義育有一子一女，在克盡為人子、為人夫的責任之餘，也準備競選台北市議員，絕對是早熟的孩子。右起為吳敦義、父親吳奚、母親吳簡葉與太太蔡令怡。

這位從中部貧困農村來的年輕人，也成為他的免費助選員。在選戰裡，有兩段最感人的插曲。

一九七三年十一月二十三日中午，台北市信義路四段整建戶十個代表到他競選辦公室，堅持要他收下三萬元現款和一百條長壽香菸。

原來一年多前，吳敦義在《中國時報》寫過幾篇報導，幫他們講話，大力譴責市府官員在為他們整建房屋時偷工減料，造成漏水。這些居民聽說吳敦義要選議員，料想他是貧窮農村子弟，經費必定缺乏得緊，因此家家戶戶湊錢，希望能夠給他些許支持，吳敦義當然不肯收錢，只有謝謝大家的好意，不過，在選戰方酣、激烈競爭之際，這份暖意已讓他感動得紅了眼眶。

那一刻，他也想起了前兩天，到古亭區的市場拜票時，攤販爭著來與他握手，熱烈地講著「你在《中國時報》替我們爭取免繳工程受益費和市場攤位租金分期付款，我們大家都很感謝你，希望你能高票當選。」那時還不流行蘿蔔（諧音菜頭）、鳳梨（旺旺來）、發糕代表當選吉祥物，否則大概吳敦義的競選宣傳車裝都裝不完。

問政於首善之都

第一次聽到「吳敦義」，是我剛畢業，進入《青年日報》，跑市政新聞。我隔壁桌的同事採訪議會新聞，每次回來，總是說「吳敦義今天又說了什麼」、「吳敦義也有質詢這個議題耶」，聽久了，也開始去議會看他質詢。果然一八一公分的身高，玉樹臨風，嗓聲洪亮，自是秉持正義之聲，無所畏懼，從小學起，他就為同學遭到不公反映給老師，再沒有改進，就反映給校長，當然在大學時和中時寫的文章就更具勇氣，也更具影響力。

沒想到，物換星移，他從台北市議員，一步步經過民選的淬鍊，南投縣長、高雄市長、立法委員、行政院長乃至副總統，除了總統之外全中華民國的重要公職，他都做過了。

一九七三年十二月一日選舉開票，吳敦義以八九二八票當選第二屆台北市議員，十二月二十五日正式就職，成為台北市代議士之一。在八年的議員生涯中，他在首善之都開闢「市民時間」、打擊特權、伸張正義、為草根民眾爭公道。

在記者曾一豪所撰的《吳敦義前傳》裡頻頻指出，吳敦義正式就任市議員後，每天早上七點，身材高大的他快步走進辦公室，離九點議會開議還有兩個小時，這是這位新科議員的「門診時間」。他常說這段時間是「早晨的公園」；不過，他並非真的在公園散步、慢跑或是呼吸新鮮空氣、聽鳥叫，而是在簡單的辦公桌前傾聽選民的心聲，看看選民的請託是否可以解決。辦公桌上選民的請託案件整齊、清楚分類，然後對症下藥。合法、合理的事，他可以幫忙處理的，很快轉給市政府相關局處，而且自訂一套追蹤考核紀錄冊，每個月結案，回覆市民。

八年議員任期，他曾揭發大弊案和嚴重的權貴犯法。

例如一九七八年，在第二屆市議員任內，他質詢台北市銀行延平分行發生兩億五千萬呆帳案，當時的兩億五千萬，幾乎等於現在的幾百億。以當年國力而言，是超巨額逾期放款，可能危及台北市銀行的營運，而且他提出明確證據，有三十七個人持著四家快倒閉的公司支票，每人向延平分行貼現一百萬元，而其中有戶籍不明的，有被郵局宣布為查無此人者，更有死亡的，延平分行真是「澤及死者」。

「發生如此弊案，如不能公公平平、嚴嚴正正處理的話，今天我們的天理國法就蕩然無存了。」吳敦義鏗鏘有力的話在忠孝西路、中山北路的市議會議事廳迴盪著，多年後他在立法院質詢時，也是同樣的語法，同樣的氣概。

而延平分行的姚經理，與蔣家有遠親關係，很多人認為姚家大有來頭，這質詢有如捋虎鬚，何況又是在威權時代，得罪了最高當局，還不知會有什麼後果。

事後有人擔心他，是否會遭到其他單位的「警告」，「但是都沒有人警告，也沒有人為難我。」吳敦義笑笑說。

一九八五年，台灣發生「十信」倒閉事件，後來波及「國泰信託」，釀成台灣有史以來最嚴重的金融危機，中小企業受害最慘，數千存款戶一生的積蓄血本無歸。「十信案」受害者達幾十萬人，六十多家企業面臨破產，民眾對銀行不信任，也對國民黨政府公權力感到失望，折損了兩位部長。

這事件發生的前十年，即一九七五年，吳敦義就已質詢台北市銀行不應該把總金額多達九億三千九百萬元的大筆資金，存進「亞洲信託」等機構，因為有些信託公司多將資金用於投機事業，而非投資事業，台北市銀行此舉無疑是協助信託公司炒地皮，後來亞洲信託果然出事，對台灣金融業造成嚴重損害。

首倡眷村改建國宅

吳敦義也是全國第一個，提議市政府應與國防部合作全面改建眷村的議員，因為台北市寸土寸金，他認為市政府興建國宅進度緩慢，總以找不到建地為由，但他發現台北市區很多眷村占地廣大，卻都是平房，浪費土地，建議市政府與國防部合作，將眷村改建為國宅。

他的倡議獲得台北市政府高度重視，也開啟了後來全國各地眷村改建的新模式。

全國首善之區的台北，質詢題材應有盡有，只要議員用心，其實等於是問政全國，是一種全國性的歷練，例如金融、政治、財稅等議題，也累積他嫻熟地方和中央政務的基礎。

林林總總的問政，吳敦義最樂於為小市民發聲，這是真正來自草根的聲音，例如南機場有一千多個整建戶，政府收了錢可以代購土地，卻沒有實踐諾言，使得一千多清寒戶未能擁有土地所有權，陷入「有屋而無地」的窘境，他認為市政府既然收了款，就應該負責與國有財產局交涉，解決土地問題。

他不但為這一千多戶小市民發聲，還要市長張豐緒徹查過去所有土地代購金，有沒有收入市庫？是否被有關官員藉其他名義吃掉了？不問出名堂，絕不終止。

很多時候，他爭取到一項公共建設，卻因官方執行失當，使選民未蒙其利先受其害，例如新店溪畔的水源路拓寬工程，延宕日久，夜晚無燈，遇雨泥濘，居民走路、騎車、開車都苦不堪言，性急的他，恰似古詩「夜長天色總難明，披衣起坐數寒星」那般，總為民眾權益焦急不已。

有些黑暗的路，經過他建議後裝置了水銀燈，當路燈亮起的夜晚，夜校生、加班族、值夜班的人，都不必再害怕要走暗路了，他也忘卻了奔波的辛勞，因為這雖是點滴善行，卻是嘉惠眾人之事。

八年市議員期間，老東家余紀忠董事長對他尤其有恩。

當了市議員後，有天，「余老」找吳敦義談話，問：「你現在薪水多少？」

他據實以告，現在生活都夠，但要應付紅白帖子，就有點拮据了。這時余老先生看著他說：「敦義，我希望你一直保持乾淨、清廉的風格，不要受社會不良習氣影響。」余紀忠董事長這一字一句，他始終謹記在心。

余紀忠又說：「你當了議員，不能到報社上班，所以報社改聘你為主筆，不必來上班，每星期幫報社寫一兩篇社論，不要荒廢了你的好文筆。」他知道余先生不單是要幫助他，最重要是養廉，有了議會的薪水再加上這份主筆薪水，足夠家庭及服務選民各項開支，已無後顧之憂。

很慶幸，從事公職近五十年，吳敦義一向廉潔自持，沒有辜負余紀忠董事長的期許。

1976年12月，利用休會期間訪美。／台北市議會數位典藏提供

1978年6月，時任台北市長李登輝訪議會。／台北市議會數位典藏提供

任台北市議員時期，接受後備軍人授階。

第二部

號角出地方

故鄉的縣長和他鄉的市長

Chapter

3

故鄉，能不盡心

——一步一腳印

一九八〇至一九九〇年代，台灣遭遇外交險境，國內政局更是暗潮洶湧。蔣經國知道解嚴、民主是大勢所趨，民進黨得以成立，此後黨外人士積極參選，搶攻國會席次……。

蔣經國極力培植台籍青年，要吳敦義選台北市議員、南投縣長，他終生感念。他誓言要把南投建立成東方瑞士。也時時警惕自己當如蔣經國清廉、勤政、愛民，否則會使蔣經國蒙羞、他也不配做經國先生的門徒。

為了縣民福祉，吳敦義全心奔走，就要是讓南投更好。圖為涉水巡視南投縣信義鄉人和村。

一九八一年十二月中旬末，吳敦義和太太蔡令怡打包完畢，和兩子（吳子廉、吳子文）一女（吳子安），坐上一輛開往南投的貨車。一路搖搖晃晃，靠在行李上睡著了。

一覺醒來，睜眼一看，「原來這就是南投。」吳子安張大眼睛，好奇地看著這個爸爸即將主政的地方。

是步兵，不是空降部隊

那時，才三十三歲的吳敦義就任南投縣長，是全台灣第二年輕的縣長，僅比高雄縣長蔡明耀大一歲。那是中美斷交後展現希望的一年，繼一九七〇年代初蔣經國決意提拔本省籍青年，國民黨扎根地方以來，那年的縣市長候選人，國民黨提名的絕大部分為本省籍。

大學時就被蔣經國約見，選台北市議員也由蔣經國安排出線，他與蔣經國逐漸發展出跨越世代的默契。「在做台北市議員後期，蔣院長每隔兩、三個月就約見我，聽聽民情，不單是台北，更是台灣基層的聲音，我也據實以告，政府應改進的地方，例如農民苦，政府應盡量、儘早收購稻穀。」

一九八〇年春天，蔣經國約見吳敦義。告訴他說：「你在台北做了議員八年，應該考慮到故鄉南投縣去歷練，我與林省主席洋港也商量過，他也很贊成，今年起，你就可以準備參選南投縣長，所以要常回故鄉去看看鄉親。」吳敦義和蔣經國相見的畫面一一在腦海裡浮起，剛毅的五官霎時變得柔軟，彷彿回到高中時代。

吳敦義在台北市任第二、三屆議員，約在第八年期間，常常處理完議會議程和工作外，每逢星期五就開著二手車回南投去，那時還沒有高速公路，費時較多，「現在更要走得勤了，我不是空降部隊，是步兵，一步一步走出來的。」吳敦義口氣嚴肅地說。

選戰雖有最高領導加持，但是仍然崎嶇，對手楊國平曾任十六年南投縣民政局長，經營人際關係多年，自認勝券在握，楊國平沒有獲得國民黨提名後，脫黨參選。吳敦義高大英挺、口才便給，提出的十大政見深知民生疾苦，當時政治人物少見。最後吳敦義以十三萬多票擊敗楊國平的八萬多票而當選縣長。

吳敦義在台北已經打出名號來，選舉期間各地新成立的南投縣同鄉會都回鄉加油，家鄉裡還有父親的老朋友，以及小學同學、老師都成了他的義勇軍，開車的開車、做文宣的做文宣，或代表拜訪選民，或做飯給前來的訪客。二〇〇〇年後已年長二十歲的這批義勇軍，又為他拚了三屆立法委員，直到把他送到行政院長，兩年後，又賣力幫馬英九及老縣長搭檔選總統、副總統，至今吳敦義仍非常感謝南投鄉親的深情厚愛。

他的一位同學說，吳敦義和楊國平的關鍵戰役，是在有一次兩人政見發表會，楊國平倚老賣老，每次提到吳敦義時，都說「你應該站起來」，批評吳敦義時，也要他站起來。而吳敦義也每次都站起來，沒有失態，也沒有抱怨。會後，很多民眾為吳敦義風度所折服，決定改投吳敦義。

那時，台灣正值風雲際會。第一次石油危機剛過，十大建設剛完成，基礎建設乍然改善。從商、從政的熱情，省吃儉用，全力打拚，感染著從北到南的台灣。也如初長成的少年少女，等待著生命力的綻放。

「吳大夫時間」以民為尊

從大學起就做事歷練的吳敦義，最重效率。當縣長時，大部分局處長，年齡都比他大，在公事方面他不分長幼，對事不對人，他最喜歡的用語是「火速辦理」，尤其在公務拖延時。有次建設局長一塊土地鑑價拖延，他照例在公文上批示「火速辦理」，並把局長請到辦公室問說：「你知道火速辦理是什麼意思嗎？」

局長回：「是要趕快辦理。」

「那你只答對一半，另外一半的意思是再不快點辦，我就要發火了。」吳敦義用他慣常的語調，一字一字地說道。

在主持會議時，他對急件，會定下完成時限，例如「今天下班前，給我回覆」、「明天下班前辦好」、「在週六，我準備實地勘察某處……。」他曾經受美國國務院邀請赴美訪問一個月，回國當晚就急著將留待他裁示的公文全部批完，隔天早上八點照常去上班。

縣政府該有的建設，他用各種方法爭取，常用詼諧幽默的方式。他遇到當時的行政院俞國華院長時，會消遣自己一番說：「俞院長，您有沒有注意到每次我跟你握手時，我都是手心向上？」吳敦義自嘲道：「這就是要錢的意思。」

在孫運璿任行政院長時，曾召開全國行政會議，開始會議未幾，他就舉手發言，祭出一首打油詩大膽直言：「中長計畫，如果只是紙上畫畫；上下不通，那就各說各話；沒有預算，全是空話。」他認為中央做計畫，不與地方溝通，計畫一大堆，可行性甚低。

從他做台北市議員起，對主管機關就是改革派，而不是叛逆者。他認為有問題，就應該改，政府的責任就是必須好好為人民解決問題。

他設立的「縣民時間」，是全國第一個開放專屬時間給縣民的縣市長，民眾戲稱為「吳大夫時間」，星期三上午（見不完，可以一起吃便當到兩點，他才回頭上班），因為他知道這個時間是國民黨中常會，不會有大官來找他，或到南投訪問、視察或開會，吳敦義從沒改變過這個時間，甚至後來李登輝省主席找他星期三上午去談話，他都委婉說不能失信於民眾，希望改時間，而李登輝也真的改了時間。

「很多要看我的民眾都是從仁愛鄉、信義鄉、埔里鎮、竹山鎮翻山越嶺而來，有些必須前一天要出發，才趕得上，我不能失信於民眾。」他對李登輝主席說。

「吳大夫時間」裡，南投縣民不管中央、地方、鄉鎮有什麼問題，都可帶給縣長，只要在法律範圍內，縣長都會盡力協助解決，而且主管人員都全在座，利於了解及解開那些問題的癥結。

老農民的腳印

有次縣民時間才剛開始，一位老農民牽著水牛走到縣府大門，把牛綁在樹下，然後走進縣府要見吳敦義。老農民大概剛從農田過來，赤著腳走進縣長室，潔白的地上留下一個個腳印。縣長室女職員馬上拿起拖把，打算過去把那些腳印擦掉。

老農民很尷尬，吳敦義一看，立刻輕輕告訴女職員先不要擦地板，還親手拿來了一張椅子，要農民在辦公桌旁坐下，吩咐工友倒茶拿菸。老農民慢慢放鬆，原來他只是希望吳縣長可以給他介紹個好獸醫。

老農民走了後，吳敦義才告訴女職員：「因為成千上萬這樣的老農民默默耕耘，社會才能進步，他們交了稅，也才有這棟大樓，我們做伙計的怎能表現得不耐煩呢？」

問題五花八門，有的令人莞爾，像是一位國姓鄉的年輕民眾，靦腆來到「吳大夫」跟前紅著臉說，他的女朋友懷孕了，準丈人很生氣，不准他倆結婚，希望「吳大夫」去說情，去向丈人家提親，吳敦義當即應允。隔一個星期，他來回坐了一個鐘頭車去國姓鄉提親，女方家長看縣長來了當然同意，後來在這對年輕人婚禮上做證婚人，隔年新人生下小孩，年輕爸爸還送了紅蛋給吳敦義。

「所謂父母官，就是要把民眾當作自己兒女，兒女有事，父母怎可旁觀？」吳敦義就是這種遇到縣民有問題就解決的縣長。

「我們要做東方的瑞士」

玉山高、霧社壯，
明潭美、溪頭涼，
埔里山清水秀，
鹿谷鳥語茶香。

吳敦義在八年縣長任內，把南投的特色改編成一個順口溜，遇到縣民就朗誦，積極推廣南投的風景與特產。

新科縣長就職後，就脫去西裝幹活，南投的願景都在他腦中。「我們要做東方的瑞士」他逢人就講，有的人聽第一遍，覺得他異想天開，第二遍、第三遍就被他說服了。

的確，南投可以變成東方瑞士，但其要件是必須有四通八達的公路。於是他開始大小交通建設，讓身處偏鄉的民眾能便利通行。

陪同時任省主席謝東閔（右二）至南投廬山溫泉訪視，並到天仁茶莊喝茶。左一為天仁集團總裁李瑞河。

就職第二年，南投縣就進入交通建設起飛年，他拓寬了幾條省道，例如台三線、台十四乙線、台十六線、台二十一線，成為寬敞四線道，大大改善了交通；以前南投埔里人、名間人、鹿谷人，如果要外出一定得準備暈車藥，因為路況實在太差了。吳敦義擔任縣長後，拓寬、開闢了當地信義路、中潭公路、埔霧公路等主要幹道，自此一路順暢。幾個名勝古蹟也有道路連接了。

用建設改變鄉人命運

道路不僅攸關全縣，更攸關一整村人的生活。從縣長開始，一直到後來擔任行政院長、副總統，他一直關心道路建設。

「我們村里不求高速公路，只要有條產業道路就好。」住在小半天的民宿「半天居」負責人林詩堯，指著一道班駁、灰白的石階說：「這是我們小時候上山種田，下山讀書的石階。吳敦義當縣長時，建了條綿延三公里的山豬湖產業道路，我們的孟宗筍也可運下山來。」孟宗筍年菜必備，貴的時候一斤五百元，作

1989年，訪視台三線的拓寬工程。

1989年8月，訪視台十四乙線施工情形。

為家庭收入，他們的命運也從此改觀。

過去小半天居民都以狹窄公路銜接作為聯外主要道路，但因天災不斷，致而往返鹿谷與小半天的道路經常發生坍方，居民無法進出，生活與交通至為不便。

八八風災發生後，吳敦義於二〇〇九年九月十日接任行政院長，在進行南投縣災後重建工程時，地方民意代表要求政府給小半天居民一條安全的進出道路，吳敦義乃指示交通部規畫興建「鹿谷小半天高架橋」。

這座小半天高架橋，也是全國最高的斜張橋，花費可不小（近五億元），採脊背橋型式設計，屬景觀造型橋，橋長三百七十公尺，引道工程二十三公尺，橋面寬十五點五公尺，高架橋兩邊橋頭各設一個景觀平台，可以遠眺竹山與小半天風情，於二〇一四年四月二十二日正式通車，那時已擔任副總統的吳敦義，特別返鄉主持通車典禮。

除了鋪橋造路，吳敦義也細心了解民眾的需要。例如以凍頂烏龍茶聞名的鹿谷鄉終年和暖，但福興村有個庄頭，叫「不知春」，也許是定居在此兩百年的村民生計維艱，覺得自己被普世皆有的春天遺忘了。世代以來，村民從來沒有享過

2014年4月，時任副總統的吳敦義返鄉參加鹿谷小半天斜張大橋通車典禮。

自來水，居民得用一節節竹筒引山泉下山使用，每逢風雨稍歇，就得趕緊派出巡水員，清掃樹葉和雜物，否則全村的水源頓成問題。

一九八一年，三十三歲的吳敦義就職不到半年時，就在山上建了蓄水池，將自來水接到戶戶人家，溫柔的水域帶給了全村人家生機，不久後，村民就將此地改名為「百家春」。

「我們的圖書館，鄉公所的停車場也都是他撥款興建的。」鹿谷前鄉長邱政義說。

為南投拚觀光

為了替縣民增加收益並打開南投縣的知名度，吳敦義也大力推動南投的觀光，一九八三年首創「泳渡日月潭」活動（現已改名為「日月潭國際萬人泳渡嘉年華」），既帶動南投的觀光經濟，更為日月潭及南投打響國際知名度。

「泳渡日月潭」從朝霧碼頭出發，全程約三千公尺，舉辦至今已近四十年，第一次有五百四十人參加，後來增至約二千人，近年更有超過兩萬名的各國游泳

日月潭泳渡開辦時，時任南投縣長吳敦義致詞。

泳渡日月潭的盛況。

好手共襄盛舉，例如喜愛游泳的前總統馬英九就參加過八次。後來即使他卸任縣長多年，主辦單位仍然會邀請老縣長主持鳴槍開泳，他也幾乎每年必到。

當時辦理這項活動，都要負很大責任，為了維護泳客安全，必須派潛水伕先行潛入水底察勘是否有障礙物、有渦漩，也派人多次試游，務必安全無虞，才敢開放，每年這種SOP必須重覆無誤才行。當時日月潭曾被商家的船屋盤據，造成潭水汙濁，經吳敦義掃蕩才得以保持潭水清澈。

這項活動於二〇〇二年正式列入「世界游泳名人堂」，與「攻頂玉山」及「環島自行車」併為「台灣新三鐵」，並被評為「台灣人一生應該嘗試的三件事」。

南投的集集鎮有條遠近馳名的「綠色隧道」，是單車族與遊人的最愛，這也是吳敦義當南投縣長，為縣民留下的重要觀光資產。

其實這裡原是舊台十六線，是名聞至水里的主要道路，因道路較窄影響車流，很多民眾和民代都建議拓寬。但吳縣長發現兩旁種植許多高大的樟木，如果拓寬必定要砍除這一大片樹木，向來主張要多多種樹的吳敦義，認為不可行。

幾經思量，於是吳敦義向省政府爭取更多經費，闢建名聞至水里的新台十六

建新台十六線，保留集集綠色隧道。／簡慶南提供

線四線道，免除砍掉珍貴的老樟樹，也留下了這條林木成蔭的「綠色隧道」，成為許多旅人「打卡」的好景點。對於縣政，他既環保又細膩。

國道六號——從催生到通車

回顧吳敦義從政的軌跡，他走過了南投縣長兩屆八年，走過了高雄市長兩屆八年半，走過了在故鄉南投縣五、六、七連三屆立法委員，走過了行政院長，吳敦義造福鄉里和國家的痕跡鑿鑿。

從台中烏日高鐵站出來，不久後就可接到國道六號，這條貫穿台中霧峰、南投縣草屯、國姓、埔里、魚池的快速公路，以前只有縣、鄉道可走，現在開車時速可達一百公里，真所謂打通了任督二脈。

這是吳敦義在做縣長時，屢次建議中央做的，當時沒有成功，幾年後，他到高雄做了八年半院轄市長，南投就較少了吳前縣長的身影。後來，他回南投縣連選了三任立委，緊盯民進黨政府，爭取加快撥款，才得以完工。

國道六號的國姓交流道一景。／簡慶南提供

國道六號南投段工程開工典禮。

2009年，與馬英九總統等人一同出席國道六號南投段全線通車典禮。

這條高速公路是南投發展的命脈，過去從偏鄉仁愛、埔里及國姓等鄉鎮出來的民眾，假日每逢下午四、五點車輛就大排長龍，吳敦義在競選立委時回到家鄉看到這個情景，大感不可思議，就決心要解決這個問題。

於是，當選立委尚未就職前，便迫不及待地到交通部找部長林陵三，要求交通部開闢這條道路。林部長回說開闢這條高速公路，徵收土地的費用非常高，不太可能，吳敦義立即表示他當過南投縣長，對地方非常了解，如果交通部規畫的路線大部分可走溪流地，這樣經費就會少一半。

林部長聽了就回說，這樣可以規畫，但必須經過游錫堃院長同意。亦即決定權在行政院不在交通部。

吳敦義就任立委後，即於二〇〇二年三月四日，在立法院首次質詢林陵三部長，積極爭取這條貫穿中部的高速公路；四月三十日在立院總質詢時，也一再籲請游錫堃院長加速辦理，其後，吳敦義即緊盯民進黨政府編列預算，終於順利催生了這條重要的道路。

「身在公門好修行」這句話，一點也不假。

想方設法為縣民搶錢

什麼是他的動力？是兒時赤腳上學？大人們刻苦地剝瓊麻的映像在腦中揮之不去？是高中、大學讀的古書？是父親及母親的諄諄教誨？都有吧！

「為民服務」可以把這些原因都連在一起。例如他在南投縣政府首開的「縣民時間」；還有一上任他就決定，不續聘已到期的臨時約聘人員，以節省開支，一年約省下幾百萬元；縣府原來規定三百萬元以上工程才公開招標，但是吳縣長就任後改為六十萬元以上即公開招標，每年又省下數百萬元，省下來的錢就拿來做產業道路。

「縣民的事，在有些人看來是小事，卻是縣府的大事。」

為了縣民福祉，他任何時間，任何場所，都會爭取經費，南投縣是農業縣，所繳的稅幾乎只能供縣府員工的半年薪水，常常縣政府經費運用要費盡思量，建這個橋好，還是修這條路好，哪個較緊急，攸關人民生命財產的總要優先，如企業、國家領導人，縣長主要工作是決定優先順序和輕重緩急。建設大多仰賴中央或省政府撥款，吳敦義用盡各種本領，獲得上級加多、加快補助。

在兩屆台北市議員八年期間，他多次維護時任台北市長的李登輝先生，免受有些議員圍攻。李登輝還屬意他選台北市議會副議長，吳敦義沒有答應。但風水輪流轉，吳敦義當南投縣長時，李登輝也被任命為台灣省主席，兩人再度相會。

吳敦義是懂得方法的。上任不久發現，如果開闢省道，省政府就會出錢。於是他上任三個月間，就把全部重要的道路陳報省主席變更為省道，效率第一的吳敦義召集所有省道經過的各鄉鎮市長，一起開會，合辦都市計畫變更等，省府答應興建新省道及拓寬舊省道，一切前置作業早已準備完成。

在中興新村的李登輝省主席常在南投打高爾夫球，不會打高爾夫球的吳敦義縣長，在縣境內自然同行，常看準時機藉勢進言。

例如有次李登輝到南投名間高爾夫球場打球，座車必須經過舊的台三線省道，其中一段路從早上五、六點就塞車。吳敦義縣長陪同李登輝主席坐在車上，就利用適當時機說明這段路必須拓寬，尤其打完球回程時又碰上嚴重阻塞，李登輝主席看了就對吳敦義說，他會指示省交通處處理，幾天後吳敦義打電話給省交通處長時，前置作業如變更都市計畫以及賠償地上物文件，都已經一切準備就緒。

勤政廉能，高票連任

從政以來，就是廉能，很多民眾送來的禮，他都不收，例如一位農民因為糯米收成好又漂亮，希望縣長嘗嘗，吳敦義吩咐機要退回去，還加送農民一盒水果。從此以後大家都不好意思再送縣長禮了。

縣長八年任期裡，他樹立了自己的施政方針，推行廉政，在政府機關最容易產生舞弊的是工程，尤其有些縣議員最熱中於參與。最先南投縣政府規定三百萬以上工程公開招標，但他發覺後來工程單位都把價格設二百九十萬元左右，便把工程降到六十萬就得公開招標，但還是有些單位將工程設在五十八萬、五十九萬元左右以規避公開招標。吳敦義不得已，邀請縣議員來餐敘，告訴大家說：「你們這樣做有很大危險，中央有嚴格的審計部常常來查，要小心啊！」

不單緊盯公開招標外，他還為民眾緊盯工程品質，當年任機要祕書，後來任文化部次長的林金田記得，吳敦義常常吃完中飯，從抽屜裡拿出兩三個公文對他

1986年，當選十大傑出青年，獲時任副總統李登輝接見。

說：「走，我們去檢查工地。」

兩人就這樣去了，到工地時，吳敦義第一個看施工進度，第二個看混凝土是否成分夠標準，第三個看使用的鋼筋是否品質可靠。「這和一般官員巡視工地大不同，事前打鑼打鼓，工地早有了準備，只是行禮如儀，看不到問題點。」林金田說。

縣長上任幾無帶人，縣政府的每個同仁都是他的人，「他不喜歡搞派系，有著強烈自信心，他可以把對的人安排在對的位置，做對的事。」曾任高雄市新聞處處長吳建國說。

縱使對不起自己的人，他也未在意：吳敦義第一任當選未久，一位祕書遞給他一個信封，是縣府員工裡沒有盡心助選的名單，吳敦義沒打開就撕掉，他說，「我通通不要看，我當選就是南投縣長，有沒幫我，從今以後都是我的縣民、員工。看了後，心裡有疙瘩，不如不看。」

一九八八年他領先全國縣市長，燒毀人二資料。一九八七年政府已開放大陸探親，分離四十年的親人可以相聚了，也滿盈著活生生禁錮四十年後迸發的親情，但是人二室還留著很多檔案，例如與大陸的親人通信，就被記上一筆。

第一任期快滿時，三十七歲的縣長開始豐收，省跟中央對地方首長滿意度及政府績效等，各項評比在十九個縣市中都常位居全國第一，他也成為第一名縣長，同時間當選中華民國十大傑出青年、台大十大傑出校友，上任近一年後美國國務院主動邀請他訪問美國一個月，更加深自己以民為主的信念。

由於政績卓著，吳敦義在第二任競選連任時，不但在黨內初選無人競爭，在縣長選舉時也一樣無人挑戰，創下了台灣百里侯選舉的紀錄；更值得一提的是，雖然是一人競選，吳敦義的得票率竟高達九六．一三％，這個光榮紀錄可謂空前。

他的事蹟在一九八七年還飄揚過海，國防部對大陸空飄氣球內的傳單，記載著吳敦義在台灣的奮鬥史，宣揚台灣安和樂利，貧困農村子弟也可以出人頭地，這是我方中央政府向大陸的文宣品當中，第一次以縣市長為主角。

台湾南投县县长吴敦义

①年轻有为的南投县县长吴敦义

②南投县政府

⑧吴县长主持县政会议
⑨吴敦义县长的全家福
⑩吴敦义当选"十大杰出青年"

吴敦义县长对县内的一切施政作为，都以实践三民主义、遗福民众为前提。任何一项建设计划，经过决定后，无不全力以赴。经过几年来的努力，各项建设都有优良的成就，人民赞扬他，上级鼓励他，使吴敦义干得更起劲。他下定决心，要为南投县创造更美好的前景。

台湾南投县县长吴敦义，是农家子弟，凭着勤奋好学的精神，由台湾大学毕业。他原担任新闻记者，同时也是一位稳重干练、具有高度服务热忱的中國國民黨党员。28岁那年他被推荐出来参加地方自治公职人员选举。当选为台北市议员，表现卓越；33岁时当选南投县县长，任满后再当选连任；1986年又当选"十大杰出青年"。在三民主义的社会里，只要苦干实干，都可以出人头地。

③④吴敦义县长很重视全县的农业发展，经常到田间探视农民耕作情形。
⑤吴敦义在隧道口，听取工程人员简报工程进度。
⑥吴县长向商人询问南投特产白柚的销售情形
⑦吴敦义县长任内完成的双冬桥

貧困農村子弟也可以出人頭地，吳敦義在南投縣長任內的事蹟曾在1987年飄揚過海，成為國防部對大陸空飄氣球內的傳單。

孫運璿也比大拇指

我第一次訪問吳敦義是一九八六年，當時我正在寫《孫運璿傳》時，吳敦義是第二任南投縣長。有個秋日下午，穿一襲暗紅夾克的孫資政忽然說：「你要去訪問吳敦義，他是個好官。」，接連有幾個星期，他都問我是否有聯絡吳敦義，一再跟我說「他是個好官，清廉又能做事。」孫資政還比個大拇指。

這兩位政壇老將雖然相差了三十五歲，卻有著驚人的相似處，對民眾有著強烈使命感。孫運璿在二十七歲，幫海拔四千公尺的青康藏高原上的西寧蓋一座電廠，讓那裡淳樸的民眾享受第一次光明，不必再點青黃的煤油燈；孫運璿三十二歲時，率領一批不到十八歲的青年，修復日本人留下殘破的電線，使台灣人再次享受光明。

那時，吳敦義還沒有出生；但是當七〇年代中華民國退出聯合國，與日本斷交後，孫運璿任經濟部長，為台灣的經濟奇蹟奠基打樁；吳敦義也在台北市議會，挑戰市政府官僚程序帶給人民不便，他開始與孫運璿同台為民服務；一九七八年孫運璿就任行政院長時，最注重基層人民福利，造橋鋪路；吳敦義在南投忠實地執行他的理念，預算都用在最基層，讓大山裡的人們有路可出去讀書，有橋可以把終年汗水種植的農產品運出去賣。後來他也如孫運璿院長一樣，由布衣而升任卿相。同樣也秉持服務國民的施政原則。

吳敦義一路以來更沒有辜負老長官的期望，始終保持清廉有為。在某種程度上，吳敦義為官於經濟更發達，政商結合更緊密的時代，但他始終保持清廉，更為難得。

有首歌叫〈阿根廷，不要為我哭泣〉（Don't Cry For Me, Argentina），描述阿根廷第一夫人艾薇塔白手起家，活躍於政壇的一生。吳敦義想起父親的一生，當年是政治菁英，入獄前是南投縣議員，是政府規畫的下屆南投縣長人選。

「不必為他難過了，他要做的，他兒子已經幫他做了。」吳敦義低低的聲音響起，辦公室外的冬雨今年來得特別早，掩去了南京東路上的喧囂車聲。

孫運璿（右一）再三讚許吳敦義「他是個好官，清廉又能做事。」

▼Inside Story

龍門大橋通車，總統特函道賀

敦義縣長台鑑：接到一月四日來函，藉悉由竹山通往鯉魚國小之龍門大橋已經完成，並即將通車，感覺非常高興，請代向地方民眾們道賀，並致問候之意，目前事忙，將來得暇，一定親來此橋，實地參觀。專復即祝　新年如意

蔣經國　啟

民國七十二年一月十日

這是當時總統蔣經國發給吳敦義的賀電，短短幾行字，顯示了不同意義，蔣經國非常重視學生福祉，也肯定吳敦義在地方上所為，經國先生去世已三十三年，每年在蔣經國逝世紀念日前後，吳敦義都會特別感懷，也幾乎每年都會去大溪謁陵。

▼Inside Story

勸縣民不要賣地

吳敦義縣長任內、中潭公路拓寬工程有個路段必須改道經過草屯鎮平林里，有些台北財團獲知後，已經開始收購土地了，在與省主席李登輝及交通處長林思聰會商路線，決定改道後，吳敦義下午一回縣長辦公室，就打電話給平林里里長約好第二天去參加里民集會。

吳敦義在里民集會上，提醒里民一件事「請大家暫時不要賣地」。他說：「這並不是最終定案，因為工程計畫尚未完成程序。基於縣長保護縣民不吃虧的立場，我建議各位暫時不要賣地。一旦改道定案，這裡的土地都會漲價的。」

「有這款縣長嗎？自己不炒地皮，還要縣民毋湯（不要）賣地。」一位村民說。

▼Inside Story

半夜叫醒台灣省主席

一九八三年十一月，二期稻作收割。草屯地區一千二百多公頃的農民為了趕種菸草，那一期選種新品種「早光稻」。孰料由於稻穀烘乾機烘乾過度，稻穀出現微微裂口，糧食局因而不肯收購。

這下子急壞了農民，眼看一季的辛勞，即將化為流水，怎堪承受，農民們向縣長吳敦義陳情，請他想想辦法。

吳敦義隨即打電話與糧食局研商。糧食局黃鏡峰局長表示，如果要對草屯一地放寬收購標準，則收購的稻穀儲存後必然提前腐壞，造成損失，因此無法放寬收購標準。

「我繼續找省府李登輝主席，他人忙不在，直到晚上十一點多，主席終於忙完，可是回公館後已睡覺。」吳敦義說。

於是他拜託侍從人員喚醒李登輝：「主席，我們有一千二百多公頃的稻穀不能收購而坐困愁城，農民睡都睡不著，我也睡不著，我想主席也不能睡著。」

呈報情況之後，吳敦義並獻上良策：「稻穀裂了如果拿來造酒，並不影響酒的品質！」

李登輝是農業專家，自然有他的判斷力。吳敦義又說：「我們介紹農民烘乾機，卻沒有教好他們怎麼使用，我們政府也有責任，如果因此不能收購，則農民終年辛勞，血本無歸。」

夜裡十二點多，吳敦義的電話響起，糧食局長黃鏡峰的聲音自電話那一端傳來，他說：「李主席剛才指示，裂開的穀子，我們同意全部收購。」

▼Inside Story

第一時間爭取直升機救人

一九八二年七月二十九日，安迪颱風侵襲台灣，濁水溪溪水暴漲，南投水里鄉玉峰村四位農民為了搶收西瓜，頂著風雨在濁水溪沙洲上工作，不幸被洪水困在溪床上。雖然有民眾發現而報警，但因水勢太大無法救人。眼看溪水節節漲高，溪邊圍觀的人愈來愈緊張，被困的農民生存機會點點在消逝。

吳敦義正在縣議會備詢，下午三點半左右，水里鄉長賴錦坤電話打進縣議會，告訴縣長這樁人命關天事件，說是水上救生隊已經沒辦法了。「可不可以協調省政府的直升機來？」

吳敦義立即撥電話給林務局長許啟祐，許局長說：「直升機雖然隸屬林務局，可是要調動救人卻得（省）主席同意。」

於是，吳敦義立即打電話給省主席李登輝：「有幾位農民被困沙洲，請求林務局的直升機支援。」李登輝在電話中告訴吳敦義：「沒問題，三十分鐘以後，若飛機未到再打電話。」

「我人在議事廳裡，心念著濁水溪。終於在接近四點半時，賴鄉長在電話那一頭激動說，縣長啊！來了！直升機來了！這才放心回去開會。」

二〇〇〇年，在政黨輪替聲中陳水扁當選總統，當年七月二十二日，八掌溪上游山洪爆發，導致溪水暴漲，四名進行河床固體工程的工人，因為收拾東西逃避不及，下午五點十分被困在河床中央。

當時，國軍搜救中心及消防局等為分工管轄問題爭執不下，直至晚間六點五十七分，空警隊台中分隊才同意出動救援，但為時已晚，緊緊抱在一起的四名工人，於晚間七點八分透過媒體轉播，在近半數台灣人民目光下，被溪水沖走。

濁水溪與八掌溪的救援事件，讓國人體會到政黨輪替不是台灣的萬靈丹，最重要的是部門間協調合作，以及行政首長在緊急時刻的決斷力。

◎取材自吳敦義二〇〇八年立委競選文宣

◎第三至六章部分內容取材自易潛所著的《風林火山——吳敦義的施政風格》

Chapter

4

守我南台灣

——高雄的未來不是夢

「我的未來不是夢，我認真的過每一分鐘，我的未來不是夢，我的心跟著希望在動。」張雨生唱出九〇年代許多人的心聲，但當時太多人的夢想互相衝突，不願彼此妥協。

做首長，最怕就是軟腳蝦。若要避免群眾抗爭帶來的衝突，就需要有良將事前詳細規畫，執行細膩，才能在公權力行使上不流一滴血，以和平收場，展現魄力。四十二歲的他靠著這些，在八年任內，解決了高雄數十年宿疾。

吳敦義察看抽換的銹腐自來水管。／董青藍提供

蒼茫茫的天涯路是你的飄泊，
尋尋覓覓長相守是我的腳步，
黑漆漆的孤枕邊是你的溫柔，
醒來時的清晨裡是我的哀愁。

一九八〇年代，戴著黑墨鏡的羅大佑為台灣流行樂壇帶起一股旋風，從〈鹿港小鎮〉到〈戀曲一九九〇〉都引起很多共鳴，似乎也代表台灣在這個時代的心情：蔣經國先生剛過世，經濟剛起飛，台灣剛解嚴，一切代表著機會，一切也代表著困惑。

一九九〇年五月，依舊的小平頭，依舊簡樸的衣衫，吳敦義準備動身前往高雄。

那時還沒有高鐵、沒有網際網路，南台灣的高雄與台北的核心中央是遙遙相望，羅大佑〈戀曲一九九〇〉的第一句「蒼茫茫的天涯路是你的飄泊」，猶如吳敦義這個南投縣長八年、政績全國第一名、才四十歲出頭的政治菁英的情境寫照，但到底是機會還是漂泊？是要他自己去體會。

從猛練〈港都夜雨〉出發

五月的中常會結束後，李登輝總統告知，因為高雄市長蘇南成突然辭職，想派吳敦義至高雄當市長。

「李登輝總統對我講，經國先生以前就交代過，一定要重用你，本來希望你做台北市黨部主委，可以選台北市長，但是現在台北市長民選還不會那麼快，還要等一年六個月，而蘇南成辭職，議長陳田錨表達沒有意願做，我希望派你去做高雄市長。」

擔任國民黨台北市黨部主委，雖然才半年，但是他仍然不改前例，一到任，就趕緊推動改革，不單他自己是改革派，也深深有著對國民黨的危機感，恨鐵不成鋼，很早他就知道，沒有國民黨，就不會有他深愛的中華民國。他和很多對國民黨死心塌地（每次都含淚投票）的人一樣，不愛是一生的遺憾，愛是一生的堅持。

吳敦義說：「太太和我，一個是宜蘭漁家女兒，一個是南投農村子弟，能做到高雄市長，我真心感謝李總統的器重。」

到了高雄，市政府祕書長林中森來接，兩夫妻投宿在五福三路高雄女中對面的「國軍英雄館」。在南投，至少還有爸爸的舊識，一個牽一個，高雄卻是全然陌生，中央只能提供基本的協助，雖是當時有李登輝總統的關心，但怎麼做、做什麼、如何做，卻都在他自己了。

當天晚上，他接受老東家《中國時報》記者林凱盈的訪問，描繪高雄市的願景，第二天中常會通過他出任高雄市長，下午他即由高雄市黨部主委黃鏡峰陪同，拜訪市議會議長陳田錨及議員。

那時高雄市長任命雖然是官派，但議會反對聲浪甚高，市議會四十二位議員中有三十四位反對再官派，也反對外縣市來的「空降部隊」，經過李登輝派國民黨及行政院高層人士去疏通，一些議員表示「你們一直說吳敦義是第一名縣長，各種績效第一，那你們要他來給我們『聞香』（台語）一下，做個市政報告，我們再來請教他，看看他的本領！」這就成了吳敦義入主高雄的「基本條件」。

兩個星期間，林中森帶著吳敦義四處拜會高雄有力人士，首先是議員，四十二個議員一個也不能漏，連在監獄裡的陳姓議員都不能省。然後是政界、企業界及宗教界人士，他不要勉強過半低空掠過，要絕大多數同意，不單因為個性好強，「絕大多數同意」也意味著未來好做事。

六月十一日，吳敦義至市議會做施政計畫報告，五十分鐘描繪高雄遠景，不看稿，一點一點陳述分析，有興利、有除弊、有興利除弊兼具的，不單有遠景，還有步驟，有做法。接著兩個小時的「請教」（其實是質詢），本來決議吳敦義可以綜合答覆，但是民進黨議員反對，改為逐一答覆。

吳敦義到那一刻，已從政近二十年，二十年的歲月洗禮，讓人增添許多經歷與經驗，當時政治空氣捉摸不定，因此他回答議員時謹慎小心，以幽默形式化解詰難，霎時，肅殺氣氛轉為柔和、輕鬆。

在施政計畫報告結束後，市議員黃昭順對吳敦義說，隔天投票通過不會有問題，中午大家要在市議會地下二樓的「議會餐廳」請新市長吃飯，飯後有卡拉OK，希望吳市長唱幾首歌，吳敦義問要唱什麼歌呢？黃昭順回說「在高雄，你總得唱首『港都夜雨』。」

第二天，即六月十二日，市議會正式行使同意權投票，四位民進黨議員攔阻不讓他進入，「吳敦義要拿來賓證才能進來」，這個理由國民黨議員不能接受，拉扯間，吳敦義西裝的後叉都被扯破了。

高雄市議會共有四十二位議員，當日有四十一位出席，投票結果，三十二票同意、一票反對、八票棄權，同意票占七八%，「平頭市長」獲得多數議員支持順利過關。

事後，棄權的民進黨議員跟他說：「拍謝啦，我們總不能投你，也不好反對你，只好不領票。」

投票結束，中午市議會約請新市長吃飯，飯後卡拉ＯＫ，吳敦義唱了三首歌，除「港都夜雨」之外，還有當年剛開始流行的羅大佑「戀曲一九九〇」、陳盈潔的「風飛沙」，氣氛極為熱烈，後來政治人物也都流行唱卡拉ＯＫ。

在一九九〇年，院轄市長既經官派又經民意機關行使同意權投票，這種「半官派半民選」的方式，在台灣地方自治上是史無前例的，到了一九九四年，在院轄市長改為民選後更成了絕響，亦即吳敦義在台灣地方自治史，又寫下了另一項「空前絕後」的紀錄。

1995年，第一次院轄市市長選舉時，李登輝（右一）特別南下為高雄市長候選人吳敦義打氣。
左起為當時的高雄市議會議長陳田錨和蔡令怡。

思考施政主軸

議會通過了，重擔和欣慰同壓心頭，他知道橫在面前的是無止盡的工作，李登輝主席的高期待，再加上兩年前才過世的經國先生的栽培。他該如何做？才不辜負這兩位長輩？

他忘不了一九八八年那個清冷的冬日早上，經國先生逝世的消息傳來，他深受震撼，經國先生在世時不時接見他，探尋民瘼、分享中華民國未來的畫面，一一在腦中閃過。

的確，這也是他第一次承當重任。擔任《中國時報》記者和社論主筆，只須立場公正，報導翔實即可；擔任台北市議員，也只需善盡言責、嚴格監督市政即可，兩種職務都全憑良心，毋需肩負實質責任，壓力少；擔任南投縣長有責任，但南投民風淳樸，政情單純，人口、預算較少，可以游刃有餘，這些都等於他讀的「政治先修班」。

高雄，這個南台灣的最大都會，多少英雄豪傑，多少企業霸主，地方派系更是盤根錯節，澎湖派、台南派之外，還有王家、陳家及朱家的在地派，八方江湖好漢，社會各階層都有其根源，高雄人熱情豪邁，但也粗獷、率直，好惡分明，加上高雄長期在中央政府重北輕南的政策下，與中央有著複雜情結，吳敦義八年任期內，就曾遇到多次市民抗議、圍堵港口等事件，真是公僕真難為。

面對高雄品質不佳的水、骯髒的空氣、鐵路不能地下化、缺少大學等四大沉痾，他為這個都市的市民抱屈，高雄市民聯手打造了台灣經濟奇蹟，卻要長期忍受，但是政府並沒有給他們應有的回報。

這些都成為他未來八年施政的主軸。

以良心撫慰傷心

對政府首長的觀察，有所謂「百日定江山」之說，新任首長上任一百天的施政表現，是衡量往後四年成績的重要指標。

「百日新政」起於美國羅斯福總統上任時最初前一百天所實施的新政，解救美國的經濟蕭條，「一百天」並沒有特定的理論根據，只是觀察家經常使用的經驗數字。在民主國家裡，總統和國會制衡，新總統上任之初，國會顧念他是新手，都會暫且「放他一馬」，也是總統與國會的蜜月期，此時新總統就可以大刀闊斧開始改革，實現競選諾言，地方縣市首長亦可以沿用此慣例。

一九九〇年五月三十一日，國民黨中常會通過接任高雄市長的人事案後，吳敦義即舉行記者會，強調他絕不是過客，而是「今天以後就是在地人」；六月五日回台北交接台北市黨部主委，把印信交給簡漢生；六月十八日從前任蘇南成市長手中接過高雄市長印信，次日就到高雄市議會正式拜訪議長陳田錨和議員，下午舉行市政記者會，訂定以後每週五上午為記者時間，定期與媒體記者交換市政建設意見，打破歷任首長慣例。

上任後不久，他就下令燒毀人二資料，讓市府部屬不要再受莫名牽連；他公布自己及太太財產，也開始籌畫全國官方興建的第一座「二二八和平紀念碑」。

高雄市是第一個被正規軍隊鎮壓的地方。再加上中央長期重北輕南，民進黨視之為「民主聖地」，一九七九年發生的「美麗島事件」也源於此地，深深影響台灣政治生態。

擔任市長的吳敦義，期待以良心撫慰傷心。

由官方籌建二二八和平紀念碑的構想一出，就有很多藝術家響應，留學義大利的屠國威提案獲得入選，紀念碑文由陳芳明教授撰寫，一九九三年二二八那天竣工。舉行紀念碑落成典禮時，吳敦義再以「歷史之真、世情之善、人性之美」，祈願大家能秉持真、善、美之胸襟，讓二二八事件告別歷史陰霾。

今天這座白色大理石碑靜靜地立在壽山半山，四周綠草如茵，純白的石碑撫慰著山下冤屈的魂魄，台灣已經民主，他們的願望已成真。

吳敦義也不讓這段傷心史盡成飛灰，要追求真相，也要讓歷史浮上水面，首先是由市府文獻會在續修《高雄市志》時，在《社會志》中加入〈二二八事件篇〉，然而，官方文獻容納的只是官方資料，其中雖有部分由受難者家屬向市政府申報的資料，但一者白色恐怖陰影仍在，許多人噤不敢言：二者官方資料與受難者家屬之資料，仍不能呈現史實之多面向，必須廣泛的向當年被捕者、受傷者乃至目擊證人，採集證詞才行。

此外，吳敦義也與「中央研究院近代史研究所」的「口述歷史小組」合作，由許雪姬博士主持，以一年不到的時間完成了六十萬字、三大冊，內容由許雪姬博士全權負責，市政府及任何單位都不過問。這套書出版後，各方都無爭議，它既不是官方版，也不是家屬版，吳敦義稱之為「良心版」。

推翻滿清自來水管，緊盯南化水庫

曾經在一個場合裡，眾賓客說著哪個星座有什麼特性，吳敦義屬水瓶座，座中人談及水瓶座的人聰明、求知欲強、強主見，適合做領導人……種種特質似乎都符合吳敦義特性。坐在一旁的吳敦義，靜默許久，忽然說起：「我不知道水瓶座是否適合作領導人，但是我喜歡供水給人家。」

吳敦義就是這樣的人，當他人講話時，他看起來心不在焉，大家都以為他沒在聽，但是一發言，就一語驚人。

的確，吳敦義在南投縣長期間，用盡辦法把很多自來水不能供到的地方，讓村民能喝到水，村民把自己的村落從「不知春」改名為「百家春」。

剛到高雄，他看到高雄市民喝的自來水水質差，心裡很是不忍，「市長就是父母官，你能忍受自己子女長年喝這種水嗎？」

高雄自來水管老舊尤其引人詬病，在高雄很多水管都是民國前二年，日據時代鋪設的，年代久遠。水管鏽蝕積垢，造成水質二次汙染，上任才兩個月，吳敦義就在國民黨中常會為高雄市民開了第一砲，他不願做國民黨的乖乖牌。

「我們推翻滿清政府已七十九年，但在高雄，我們卻還沒推翻滿清政府的自來水管。」吳敦義鏗鏘有力的說詞，當時與會的黨政要員，包括總統兼國民黨主席李登輝聽了都不敢置信。

隨後，擔任行政院長的郝柏村，率環保署長趙少康、衛生署長張博雅等內閣閣員，專程到高雄視察自來水管，當看到挖掘出來的銹腐水管，郝柏村及陪同的閣員，都忍不住露出意外與訝異神色，自此，中央政府也開始重視高雄市自來水管老舊的問題。

吳敦義就任高雄市長之前，全高雄市只汰換了四十七公里的老舊自來水管，

陪同時任行政院長郝柏村巡察高雄市老舊自來水管。／董青藍提供

高雄市長吳敦義深入地底察看汙水主幹管工程施工情形。／董青藍提供

連戰與吳敦義主持通水典禮，自此高雄的民生與工業用水分離。／董青藍提供

因他積極推動汰舊換新，在八年左右就汰換了長達五百一十二公里的老舊自來水管，是過去近八十年的十倍有餘。

過去每年枯水期，台南與高雄地區的民眾，都得面對沒水可用的苦惱。一九八〇年代政府在在原台南縣南化鄉興建南化水庫，高雄地區的民眾才免除了缺水的困擾。

在吳敦義就任高雄市長之初，就極為重視南化水庫工程。從南化至高雄的輸水管，全長一〇九公里，等於台北到苗栗的距離。蜿蜒綿長的輸水管要經過國道、省道、縣市道與鄉鎮道，主管機關有中央、省、市、縣等。關關都可能是問題。吳敦義於每週三參加國民黨中常會，就將問題面交當時的省主席連戰，連戰於中常會結束後即交由相關單位處理，並於隔天出席行政院會時將處理情形回覆吳敦義。

「他對我們高雄市民貢獻甚大，我很感激他。」吳敦義和連戰一直保持君子之交，兩人都是為國民黨好，為台灣好。在馬英九主政時代，太陽花運動，民進黨結合學生衝進立法院，霸占立法院二十餘天，時任副總統的吳敦義即建議商請國民黨榮譽主席連戰出面與王金平院長協調，以解決僵局。

南化水庫未興建之前，高雄市民的飲用水主要是來自高屏溪與東港溪，兩條溪流旁都飼養大批豬隻與鴨子，這些豬、鴨的排洩物全部排入溪內，水源嚴重遭受汙染。

吳敦義不單緊盯南化水庫進度，也眼觀四方，向中央爭取民生與工業用水分離工程，就是工業用水歸工業用，民生用水歸民生用，兩者分開，他並積極爭取高級淨水處理設備，這項工程經費約八十九億九千萬，可大幅改善飲用水品質，進一步提升自來水之口感、味覺及硬度等適飲性品質，自來水後來經鑑定後已達飲用水合格標準，高雄人終於可以終結買水的命運。

多年後，老市長持續關心高雄人喝水問題，八八風災之後，南化水庫淤積嚴重，至二〇一九年已達設計容量的四三%，當時還是國民黨主席的他知道問題嚴重，於八月十七日專程前往了解，希望相關單位加速清淤與抽泥，以免淤積惡化影響高雄及台南地區供水。儘管不在其位，他似乎還是盡力謀其政。

2019年8月17日，吳敦義前往南化水庫關心淤積問題，大雨中為幕僚林清強撐傘遮雨。

整治愛河，為城市發展奠基

很多城市都有一條重要的河流，是城市的生命之河，河流記錄了歲月遞嬗，時光流轉，河流與城市齊名。

愛河——這條源自八卦寮，一路蜿蜒進入市區，最後注入高雄港的河流，也記載著高雄的流變。

一九五〇年代詩人林玉書曾寫過一首〈愛河曲〉，描寫高雄當時的繁華（南船北轍集如雲，殷富云胡靡奢侈）、愛河的風光（愛河河水綠悠悠，蕩漾微波日夜流。旖旎韶光無限好，放船兒女競春遊）以及愛河旁的感情（銷魂最是美人情，情長情短總可喜，抱一而終久缺聞，追溯老婆說春夢）。

但是到了一九八〇年代，工業廢水、家庭廢水、都往愛河倒，愛河惡臭難聞，民眾避之唯恐不及，吳敦義當了市長後，在辦公室裡一抬眼就可看到愛河，這條河流曾經如此美麗、如此洋溢著生命力，現今卻如此不堪。八年半高雄市長任內，花費很多人力、財力與時間整治這條河川。

整治愛河，不僅是清除汙泥，更必須大量興建汙水下水道系統，收納各種汙水並阻絕汙水再排入愛河。

興建汙水系統先要做主幹管、次幹管，然後是支幹管、家戶接管，當時台灣的下水道分布不到一〇%，而且很多還是日據時代建的。家戶汙水接管率被視為是都市進步的象徵，相較起來台灣算是落後的。

為徹底改變愛河，吳敦義即大力興建汙水主、次幹管，這些工程都是以「潛遁工法」在地下進行施工，地面上看不到，也不太影響交通，是一種進步的施工方法，但因在地下進行，相對有一定的風險。工程進行時，吳敦義曾多次冒險進入，一方面視察工程進度，另一方面也鼓勵施工的市府同仁。所以有人評論吳敦義做的是眼睛看不到、但其實很重要的工程。

除了清除汙泥與興建汙水下水道外，吳敦義也在河岸進行美綠化工程，還取締了河邊的「流鶯」，讓河岸的迷人景致成為高雄主要的觀光景點。

表面上看不到

從愛河下游一路往中上游，他在任內重建了中正橋、把發生大火的地下街改建為仁愛公園（現改名為二二八和平紀念公園）、舊市府大樓變身歷史博物館，以及音樂館、工商展覽中心、客家文物館、三民一號、二號公園等的興建，使高雄的綠化面積比例比台北還高，在高雄市政史上稱得上是一場「寧靜革命」。

特別值得一提的是三民一號、二號公園，這是從民族路至中華路，沿同盟路兩旁開闢的大面積公園，是一項艱巨的市政建設工程，也是高雄市政史上極為重要的旅程碑。這片狹長的土地，過去是違章工廠、神壇乃至亂葬崗雜處之地，歷任市長無不視之為燙手山芋。吳敦義認為長期任人占用，實在對不起高雄市民，因為這大片土地本是屬於全體市民所共有，不該為少數人所占有。

於是，高雄市政府自一九九三年起執行拆除工作，占用人獲知吳敦義決心開闢公園後，一方面意外，另方面則趕緊透過民代向市府陳情，希望吳敦義高抬貴手，卻未軟化吳市長的決心。歷經六次拆除行動，所有違章工廠與建築，才告全

三民一號、二號公園闢建前違建林立。／董青藍提供

違建拆除後的三民一、二號公園與愛河美景。／董青藍提供

部執行完畢，任務之艱鉅可見一斑。尤其在拆除過程中，違建戶激烈抗爭，甚至曾搬出瓦斯桶作勢引爆，拆除工作既驚險且困難，所幸，吳敦義堅持到底。

連裡面的神壇都要找好歸宿，關公歸關公廟，媽祖歸媽祖廟，無名鬼神聚集在附近一處，人神俱平安遷出。至今吳敦義為高雄市民保有了如台北大安森林公園一樣大的三民一號公園。公園內的人行虹橋，跨越博愛路兩側，朱紅色的鋼架與斜張鋼纜，形成另類地標；虹橋下，沿著愛河岸的腳踏車道，更是大小自行車族的最愛，不少小朋友與大朋友，總在假日黃昏相偕來此閒逛，所以三民一號公園又名「親子公園」。面積五．七公頃的三民二號公園，建有客家文物館，是客屬市民聚會、活動之處，另有三民區安宜里的里民活動中心，又稱「敦親公園」。

初秋下午，友人攜我來到歷史博物館對面的愛河畔，遊人在咖啡座啜著咖啡、吸著珍珠奶茶、攪動冰淇淋，一派悠閒。初秋的風已感清涼，多元化的台灣，有著讓人自在的民主。儘管民進黨已在高雄執政二十餘年，但願市民還能記得吳敦義這位老市長，那些年為了這城市的發展奠基，曾流下很多、很多的汗水。

▼Inside Story

全力申辦亞運：有三分把握就要去做

一九九四年底，甫贏得高雄市長民選，得票率五四%的吳敦義，擊敗民進黨候選人張俊雄，就職前後都在忙著申辦亞運。

一月，他在高雄市議會接受質詢。民進黨籍的議員提出了「不如不辦，以免漏氣」的主張，他們的理由包括：中共一定會杯葛、經費花在亞運上，不如花在地方建設；亞運要進行許多大型建設，而大建設就會出現大弊端、「爭不到提頭來見」等等，吳敦義面對這些質疑以及壓力，他一字一句地回答：「如果中共杯葛就不爭，是不是也不要努力爭取加入聯合國、GATT、WTO呢？不成功就要提頭來見，會讓大家不敢去拚、不敢做事。是不是聯合國遊說團沒成功就不要回來？聯考沒考上台大醫科就不要回家？國家運動隊沒得金牌就不讓他們進門？這些要求不合理。」

他要把高雄放在世界地圖上，也要把中華民國放在世界地圖上，他深信「存在就是力量，存在就是尊嚴」這個信條，在後來任國民黨祕書長時期，他告訴很多人：中華民國是哥哥，中華人民共和國是弟弟，雖然哥哥現在家業小了，但不能漠視哥哥仍然存在，我們時時要向世人宣稱，哥哥仍然活著，而且活得很好，邁向民主，經濟也空前成長，對華人世界有著不容磨滅的貢獻。

一九九三年，當時的閣揆連戰正式聲明我國爭取主辦二〇〇二亞運的決心，高雄市長吳敦義首先表達強烈的意願。吳敦義當時已經擔任市長三年多，擁有南部五縣市的民氣，高雄人興奮不已。

吳敦義全力進行申辦亞運，他邀請台北採訪體育新聞的記者，到高雄參觀體育設施，高雄也成功舉辦區運會和區中運，台北記者投票大部分贊成高雄來申辦。由張豐緒領導的中華奧會，於一九九四年四月二十七日召開執行委員會議，出席十六委員，十二票贊成，確定由高雄代表申辦。

但是不到兩個星期，台北籍的奧會執奧會又開了一次臨時會議，五十九位奧會委員有四十四位是台北市籍，高雄以二十二對二十八敗給台北，到底哪個會議的投票才算數？

一九九四年下半年，台灣忙於省長及高雄、台北市長選舉，高雄或台北申辦亞運都擱置一旁。平心而論，高雄辦亞運，的確比台北適合，天候好，土地大，潛力高，現有設施規模都較適合，尤其經費（徵收土地，興建場館及選手村）可以省下七百億元，是很大一筆公帑。

做事總有多重目標的吳敦義，不止是讓中華民國攫住國際目光，他還要高雄脫胎換骨，因為比賽要興建大型運動場館、大眾捷運、垃圾處理、空氣及河川汙染防治、也要擴建國際機場，不只中央支持，鄰近縣市也會配合，高雄市有望成為現代化的國際都會。

高雄市更極有可能成為中華民國的體育重鎮。雖然當時已有左營國家選手訓練中心，但眾多體育學院的優秀選手仍大多數集中在中部、北部，如能順利爭取亞運成功，左營訓練中心將擴大六十九公頃，可成為體育園區，更可設立體育學院，蓋一幢可容納八萬人的超大競技場。如此一來，融體教、訓練、競賽於此園中。

的確，世界很多城市因舉辦國際賽事而崛起，如日本東京、韓國漢城因辦奧運而換新了整個城市面貌，近代最著名是二〇〇八年北京奧運，徹底翻轉西方對中國的印象，更重要的是北京市民有了城市驕傲，吐痰幾乎絕跡，汙染有改善，遇到外人都親切指引方向。同樣地廣州因為有亞運，整個城市也脫胎換骨。

我二〇一〇年去了一趟廣州，已經不是我們印象中的擁擠髒亂的廣州了。黃昏時，去一趟海心沙廣場——亞運會開幕地點，寬敞的空間，遠處小蠻腰電視塔蜿蜒上升，近處才完工的廣州歌劇院及廣州圖書館，五彩繽紛的吉祥物，一點也不覺得是在擁擠髒亂的中國，反而感受宛如在澳洲的空曠，遼遠無邊。

一九九四年十二月三日，史上最喧囂的選戰結束，宋楚瑜當選省長、陳水扁當選台北市長，吳敦義超過半數（五四．四六%）當選高雄市長。選舉過後，台北宣布放棄爭取，中華奧會才在十二月二十一日，由全體委員一致通過由高雄市申辦。但高雄已晚了半年，對手韓國釜山早就積極起跑，政治嚴重影響國際發展，惡果已見。

不過，吳敦義不輕易放棄，他積極動員高雄各界，訪問亞運會員國，當時韓國釜山已經訪問了兩輪亞運會員國，高雄還不到三分之一，高雄其實比韓國釜山硬體、軟體、文化素養都高很多，但起步太晚，而且釜山的積極蠻橫，中共的霸道阻擾，他都點滴在心頭，也曾私下對人說：「縱使只有三成把握，也值得去做。」

那是有關一個城市的驕傲，那是有關市民的光榮，那是磨練市長、市府員工毅力的時刻。一九九五年三月底，亞奧會祕書長會議在高雄舉行，各國代表都看到高雄市民的熱血捐誠，有的老闆還充當司機及導遊，盡心盡力，大學生翻譯義工，還有很多貼心服務，例如阿拉伯國家的代表房裡，用羅盤標出麥加的方位，方便他們每天祈禱。

會場內八十面旗幟並列，並不排斥中共五星旗，表達了中華台北「一切依亞奧憲章行事」的誠意讓代表放心；會議及代表參觀訪問行程中，一切通訊、電腦處理能力，無論軟硬體都一流；最後一場晚宴，各國代表們在兩天行程中的錄影，由一百二十英寸的電視螢幕上播出，四十尺長、三十尺寬的巨型電腦噴畫，高懸宴會廳上方，如此深刻的印象，讓代表們體認到高雄市的能力與效率，很多代表都表示會支持高雄。

隨後，一九九五年四到五月，吳敦義更發揮高度意志力，強力要求申辦團隊成員高標準，一個多媒體簡報錄影帶改了七次，還聘請國際牌的專業技師同行，即使會場「突然停電」，也能順利完成簡報；簡報說明員預備了四位。

就在高雄為亞運努力之際，一年多，中共的打擊也從沒有停過，當時江澤民剛發布「江八點」，要加強與台灣的關係，但是中共從沒有改變「台灣是中國一部分」的立場，大陸奧委會祕書長魏紀中在訪問台灣時，被記者追逐，最後很不耐煩地說：「你們的問題我知道，我的答案你們也知道；沒有新的東西，沒有變化，今後也不可能有變化。」

但是，再斬釘截鐵的話語也改變不了吳敦義和高雄市民的態度。五月二十日代表團出發，參加在五月二十三日的大會，會中投票決定主辦權花落誰家，臨行前，他說「此行若成功，榮耀歸諸全體市民，若失敗，則歸我個人。工作同仁已盡心盡力。」

韓國果然小動作不斷，我國代表團訂好的房間被取消，只有分開住三個旅館，展場狹小、資料不能送達代表手中，連前一天的晚宴都沒收到邀請函，詢問韓國主辦人員，結果是一問三不知。

但是令他國代表們改變心意的，還是中國的最後一擊。中國邀請一位重量級貴賓即國際奧會主席薩瑪蘭奇，此人一向聽命中共，而且對各國奧會的影響力奇大無比，連亞奧會主席阿罕默德的態度都變得保留，其他各國代表可想而知。

最後高雄敗了，勝敗雖是兵家常事，但是高雄到底輸幾票？沒有人知道。原來主席裁決用舉手投票（往年都採不記名投票）表決，先表決釜山，現場亂哄哄，連韓方工作人員也舉手，然後主席就宣布釜山市獲得主辦權，「高雄市連表決機會都沒有，就被判決敗了。」當時隨行的高雄市政府新聞處長吳建國回憶。

代表團回旅館後，在床單上寫著抗議文字，掛在窗邊，團長吳敦義抿著嘴唇默默收拾行李，他來不及悲悼失去的機會，太多事要做……。

這只是我國當時務實外交進入國際社會的小小縮影。經過此役後，高雄市政府獲得許多經驗辦了很多國際會議。吳敦義對務實外交有他獨特看法，邏輯工整，現在聽來仍然非常受用：

一、要加強實力：例如籃球賽，如果實力強過對手很多，即使裁判再偏心、對方小動作再多，也沒用；如果實力相當或實力略遜，小動作和主場優勢就會生出效果；總之絕對不能寄望裁判幫忙。

二、內部團結：上場五位球員是五人同心？還是三心二意？自己抵消實力常是致敗決定因素。

三、堅強鬥志：不能稍受挫折就懷憂喪志，自暴自棄；不能被外來的干擾打亂了前進的腳步，否則就未戰先敗了。

▼Inside Story

台灣第二次保釣

釣魚台，這個出現在中國、中華民國、日本媒體無數次的島嶼，其實只是面積三．八平方公里（只有台北大安區的一半）的一個小島，但是存在於這三方間的爭執，卻糾結深深，台灣、大陸與日本都堅稱是自己的國土，爭端糾紛不斷，最富盛名的是台灣赴美留學生發起的「保釣運動」，馬英九是當時的活躍者，第二次「保釣運動」則是在吳敦義任高雄市長時。

當時他才上任四個月，就扛下主辦「台灣區運會」的重責，區運會聖火已繞行全台灣，還到了東沙，一九九〇年十月十一日，立法委員林正杰在立院質詢，指日本官方有意核准民間極右團體在釣魚台興建燈塔，詢問政府的對策。其實外交部從九月開始就與日方展開協商，希望日本政府能夠理智溫和，林正杰質詢後，引起社會強烈反應，民進黨大肆炮轟國民黨喪權辱國，並且在中執會通過要由黨主席黃信介帶隊赴釣魚台宣示主權，地方黨部也積極募款，「準備」擇日出海，但都止於口說而已。

當年十月十五日聖火船已去過東沙，高雄新聞界建議聖火應該送到釣魚台島上，做主權宣示，吳敦義謹慎地說要向「上頭」（咸信是國民黨主席李登輝）請示。

次日，區運會籌備處徵求當時宜蘭縣長游錫堃意見，游錫堃當然同意，因為釣魚台是宜蘭縣管轄。十七日，國民黨中常會裡，吳敦義請示「上頭」，也接到「可以做」的指示。接著，外交單位緊急與日方協商，獲得日方首肯，限於海上活動，意味著聖火船至少可以繞島一周。

十九日他獲得上頭四點指示：一、聖火船將受到軍艦的保護；二、出海手續向內政部申請辦理；三、日方將「有所節制」；四、市長層級太高，官方色彩太強，不宜上船。吳敦義心情大定，在面對媒體時表示，聖火船將以「柔性優美」的方式宣示主權。各方決定二十一日午夜就出發，海軍和空軍都有支援的計畫，海軍第三軍區甚至進入一級備戰狀態。

二十一日凌晨十二時，載著宜蘭縣長游錫堃、立法委員王志雄等人的聖火船「上賓一號」出航，由高雄市政府祕書長林中森領隊。揮別了送行的人群，船進入

吳敦義在高雄市長任內傳送聖火至東沙。

公海後，汪洋一片靜謐，西北風已吹起，宜蘭縣長游錫堃的帽子飛走了，「船上的人打趣說，有人的烏紗帽要掉了。」林中森說。

船上人靜默無聲，有著些許「風蕭蕭兮，易水寒，壯士一去不復返」的悲壯感，的確，在台前呼籲批評容易，但是一葉扁舟，雖然知道會有海陸空軍護航，但終究還是孤舟前往。宜蘭出海的人忐忑不安，賭上自己政治生命、部屬安危的新科市長同樣忐忑，徹夜難眠。

根據華視新聞報導，經過一夜航行，一日二十一日中午十二點三十分，區運聖火船接近釣魚台海域十五海浬的時候，日本海岸防衛隊派出一架直升機、一架偵察機低空飛過，警告我方。二十分鐘過後，船尾印有「東京」字樣的八艘日本巡邏艦和三艘巡防艦，迅速包圍聖火船要求立即離開，並放下「沒有正當的理由，不可以通過日本海域」和「此地是日本領海，要立即退出」的黑字白布條，同時將全部過程蒐證、錄影。十二艘艦艇團團圍住一葉孤舟，真乃是殺雞用牛刀。這時，聖火船上的宜蘭縣長游錫堃、國大代表楊吉雄和立法委員王志雄立即商議對策，決定告訴日方，聖火船要送聖火到釣魚台，並將一份日籍選手要參加我國區運的名單交給對方。

日本巡邏艦官員看完名單後，仍然要求聖火船離開；這時，聖火船決定突圍，日本防衛廳船艦立刻圍上來，幾乎造成碰撞。日艦十餘艘橫列在群島前、兩艘包抄聖火船、兩艘包圍記者船；要以左右包抄的態勢，攔截我方船隻，使得我方動彈不得。

雙方僵持到下午三點半左右，王志雄委員要求上日本船艦交涉，不過被日方拒絕；四點三十分，聖火船和海岸電台聯繫，國防部命令返航。五點五十分，聖火船和日艦對峙達五個小時，在海上漂流達二十一個小時以後，決定駛回宜蘭。

在這一小時中，聖火船領隊林中森致電吳敦義，希望證實返航的命令，但吳敦義無法聯絡到「上頭」，必須自行決定。

吳敦義回憶當時情景說：我可做三種指示。第一是回電，「將在外，君命有所不受」，由領隊自行決定是否返航，把責任交給領隊；但我不能這麼麼做。第二是請領隊克服一切困難，達成登島任務。但那時船上油料、食物、飲水都有問題，人甚至連膽汁都吐出來了；第三是請領隊衡量船上狀況，估計能否達成任務或有

1990年10月，我方的聖火船前往釣魚台宣示主權。左二為高雄市祕書長林中森，右一為時任國大代表楊吉雄。

無可能繞行。

「我採取的即是第三種，十分鐘後領隊回電表示不可能繞行一周，我那時豈能讓一船手無寸鐵的平民，再去和日本軍艦對峙？所以我決定不向上請示，就請他們返航。」

放下電話，吳敦義馬上與太太從高雄趕往宜蘭準備接船，因為一直不確定會從哪個港口進來，一會兒說是蘇澳港，一會兒又說是南方澳漁港。那時沒有大哥大，得沿途打公用電話，口袋裡的零錢都用光了，直至子夜，才確定聖火船將在兩艘我方軍艦護送下回南方澳港口。凌晨二時，吳敦義和蔡令怡並肩而且筆直站在碼頭上，等候聖火船進港。他倆和下船的代表團人員一一握手，感謝他們的辛勞，在確定人人都安然無恙後，吳敦義才上車駛回台北。

二十二日清晨，回到台北住所，洗完澡後，吳敦義一個人坐在書房中振筆疾書，八點半，他的辭呈由幕僚送到行政院，然後一個人搭機回高雄。

他要單肩承擔下來，所有其他人都可以安心休息了。

接下來的打擊，也如聖火船面臨的巨浪鋪天而來，「好大喜功」、「喪權辱國」

的批評紛至沓來，他在高雄市議會議事廳，站了六小時被議員詢問。學歷史的他知道維持國家領土尊嚴有多難，但也有多重要，「我應鼎鑊甘如飴（受酷刑像吃糖般無所畏懼），何況我還沒有受苦刑呢！辭一個市長算得了什麼？」

上任才四個月，他已有隨時可來去自如的打算，真如蘇軾的〈定風波〉：「莫聽穿林打葉聲，何妨吟嘯且徐行。竹杖芒鞋輕勝馬，誰怕？一蓑煙雨任平生。」

吳敦義的辭職後來經行政院郝柏村院長慰留，郝還發表聲明表達對日方的不滿與抗議，聲明表示：「政府肯定此次聖火船的行動是維護國家主權的適當表示，今後由此事件產生的一切後果，應由日方負責。」

除了郝柏村院長的公開肯定，後來的民意調查也顯示七成四以上的國人支持這項行動，亦即中央與基層民眾都認為，聖火船前往釣魚台宣示主權，是對國家重大的貢獻。

Chapter

5

既有山盟，也有海誓

——設願景，重執行力

南投多山，他與縣民立下「山盟」，要把南投建成東方瑞士、觀光大縣；高雄臨海，他與市民立下「海誓」，要解決高雄多年沉痾。

一九九一年，時任高雄市長的吳敦義和太太蔡令怡出訪美國，和當地市長進行市政交流。圖為兩人參加玫瑰花車遊行，並登上美國報紙頭版的情境。

曾經，吳敦義立下山盟海誓，不僅與夫人蔡令怡，也對市民立約。

那一年，他到那臨海城市就職時，就提到自己要與高雄市民立下「海誓」，要解決高雄多年的沉痾。

而且，在吳敦義實現「海誓」之前，也要在高雄完成「山盟」，將高雄的青山還給市民。

讓「都市之肺」煥發新生命

高雄有壽山，面積廣達一千兩百公頃，名副其實是「都市之肺」，理應讓市民享有長壽才對；它蘊藏的豐富礦產，卻也為它的命運下了注解。從滿清到日據、到國民政府遷台，都成了採取石灰礦的水泥業者的樂園；不但壽山如此，半屏山、駱駝山亦如是，三山採礦讓都市之肺猶如得了癆病，數十年來久咳不止。

苦的是地方民眾，粉塵和灰塵齊飛，大卡車、小貨車南來北往，噪音逼人，民眾出門都要戴口罩，成日呼吸著帶有塵埃的空氣，壽山附近的居民常常自嘲：

「我們家的屋頂，是全台最堅硬結實的。」原來是來自水泥廠經年累月散發到空中的粉塵，在屋上沉積，結成厚厚一層，下雨後凝結，或許鞏固了建築物，卻影響了居民的呼吸系統。

青山本無瑕，吳敦義立定決心，既來了，定不負山的高、水的清，為高雄開出豁亮的天。

要做到此，高雄市政府就得在一九九二年台泥採礦權到期時終止（東南水泥在半屏山採礦，預計一九九七年停止），而台泥的董事長辜振甫是國民黨大老、多屆中常委，副董事長陳田錨既是中常委更是高雄市議會的議長。

政治裡「為政之道在不得罪巨室」，吳敦義不是不知道，而且他才就任市長一年還不到，但他豁出去了，為了高雄市民的健康，但是很多人還是不相信他會來真的。

一九九一年十二月在市議會，民進黨議員朱星羽質詢說：「傳言台泥正尋求中央支持，期能延長採礦期限。」吳市長答稱：「絕對不會延長。」朱星羽進一步追問：「你敢用性命保證？」神情堅毅的吳市長昂然回道：「不必用性命保證，如果過了明年十一月二十七日還在採，我離開現職！」

其實，當時吳敦義心裡已有底了，當年中有一次高雄市政府與議會聯袂赴日本考察，返台前夕，吳敦義與陳田錨（人稱「錨公」）議長一起在百貨公司咖啡座喝咖啡閒聊。

趁著談興正濃，吳敦義對「錨公」說：「議長，我有件事放在心上很久，一直考慮該不該向您開口？」陳議長很認真地回說：「市長有什麼事？請儘管說。」

吳敦義看錨公態度誠懇，就將水泥廠採礦生產水泥對高雄市造成汙染，也嚴重影響市民健康詳細說明，同時也告知錨公在這次採礦權到期後，市政府打算要求中央終止採礦申請。

聽了吳敦義的說明後，陳田錨立即表示身為高雄市的一分子，水泥廠造成的汙染他同樣無法避免，何況，「台泥在高雄採礦這麼多年，是該將壽山還給市民了。」錨公深明大義，也正式啟動市政府終止三山採礦的行動，之後對中鋼、東南水泥終止採礦權，高雄市政府都有例可循了。

陳田錨是高雄公認的仕紳從政典範，做了三十二年的議員，其中二十二年當議長，折衝了多少府會衝突，促成了多少有利高雄發展的法案。

談起二〇一八年三月九十歲過世的陳田錨老議長，吳敦義感恩萬分，不單在水泥廠終止採礦錨公幫了大忙，他初來乍到高雄，錨公指點甚多高雄政壇眉眉角角，讓他很快進入狀況；有多次在市議會運用議事規則幫助他。雖然高雄已「綠化」多年，「錨公」支持國民黨的心未變，二〇一二年還動員里長支持馬英九、吳敦義搭檔競選正副總統。二〇一八年三月二十七日，吳敦義以「以德服人」為題在他的追思音樂會裡致詞，稱陳田錨為「人格者」，看得出吳敦義對「錨公」的尊重和感恩。

終止採礦雖然得到台泥同意，但是台泥仍然可以進口其他地方礦石，甚至從東部輸送原料，利用其原有廠房製造水泥，汙染同樣嚴重。

這個全國最大的水泥廠，裡面員工也都是高雄人，要調職，得搬家，辭職還要另外找事，還有子女教育問題，吳敦義也是他們的父母官，不能用「一刀兩斷」遽爾關廠的霹靂手段；這無關「魄力」，反而是一個政務官思考周密與否的考驗。

市府建設局和台泥幾番協調之後，台泥擬定了逐步停工的計畫，一個窯、一個窯的停止生產，一九九二年十一月二十七日終於全面停工。台泥也成為「產業東移」政策的示範企業，而高雄市則少了一個汙染工業。

台泥停工，接下來是中鋼礦區。中鋼的採礦合約原本要二〇〇〇年一月才到期。經過吳敦義密集協調溝通，中央、地方雙管齊下，其結果令人驚喜——和台泥同日、同步放棄採礦權，提前八年三個月，每年增加七千萬元的營運成本，但從此是高雄的好企業。

當時中鋼是國營事業，又是模範企業，本有足夠籌碼「對抗」高雄市政府，但為了市民健康，中鋼願意讓步配合，善盡企業社會責任，吳市長因而特別頒發獎狀感謝。終止採礦，開啟了國內生態環保運動的先河。自此，高雄市民終於告別「灰頭土臉」的日子了。

不過，停採只是宛如止咳，城市還需要清肺，使這個「都市之肺」可以康復，原本被挖得滿目瘡痍的青山，需要逐步恢復綠色原貌。這就牽涉復育、種

水泥業者採礦壽山滿目瘡痍。／董青藍提供

終止採礦後進行復育壽山恢復翠綠。／董青藍提供

樹、綠化保育。漸漸地，原本容顏斑駁的山脊，有了綠意，從點到線、到面，煥發出新生命。

後來，吳敦義在二〇〇九年九月接任行政院長，考慮壽山珍貴的生態資產，指示將它納為國家級的公園，因而有了「壽山國家自然公園」的誕生，這也是全國第一座國家自然公園。

如今踏上壽山時，已是滿山青綠，幽鳥綿蠻，在有霧的天氣時，還可欣賞氤氳山嵐、烟夢鎖翠，真如古籍裡所說「壽山之木嘗美矣」。

有想法，也有執行力的「樹爸」

民進黨至今治理高雄二十餘年，很少高雄人知道，吳敦義在市長任內種了五百萬棵以上的樹木，堪稱為「樹爸」。

「樹爸」不僅在壽山種樹，在拆除原是違章建築、狗肉店和神壇後而闢建的同盟路邊植樹，也在公園裡種樹，在愛河旁種樹，更發起三次「種百萬棵樹」運

時任高雄市長的吳敦義，爬萬壽山了解山中生態。／董青藍攝

動，等於高雄市民一人平均種了兩棵樹；公園綠地面積也大為增加，到一九九六年，吳敦義任內六年半興建的公園綠地面積，占高雄市所有公園綠地面積的五四％，也就是他在六年半內給市民的綠地，超過前任四十年市長的一半。同時，高雄市民平均每人享有公園綠地面積二・八一平方公尺，也超過台北市的二・一八平方公尺。

樹木除了綠化作用之外，且具淨化空氣之功，近年因為氣候異常變遷造成很多災害，為防止地球暖化造成的負面效應，世界各國都鼓勵植樹，而在二十多年前，吳敦義擔任高雄市長時代，就已廣植樹木，大力而具體推動節能減碳，可謂開愛護地球風氣之先。

「樹爸」種樹種多了頗有心得，他有一套「種樹哲學」，也就是系統性的邏輯思考：一、在哪裡種樹？二、種什麼樹？三、誰來種樹？四、何時種？五、樹哪理來？（錢哪裡來？）六、誰來養樹？

對政務，他同樣有著系統性思考。例如一九九四年，很多縣市首長都以老人年金來吸引選票，那一年年底就有市長、市議員選舉，老人的選票不少，民意壓力很大，吳敦義做市長，直接承受這個壓力。

吳敦義曾在一則「高雄市老人年金推動行動聯盟將到市議會請願」的剪報旁邊空白處，邊想邊寫。這張「筆記」反映了他當時的心境與思考：

一、如有可靠財源，自然樂於全面發放而且愈快愈好。

二、應由中央立法並辦理，省市一致，避免人口隨「金」流動。

三、在財源不夠充實時，勉強辦理全面發放，則影響其他建設造成不公（如殘障、苦難者、孤兒寡婦臥病……），而且年輕人、勞工更背負不合理之重擔，需要者「雪中送炭」，富有者「錦上添花」！

四、若人口流動，豈能持久？一曝十寒反致災難。

五、全面發放而漫無標準，則如何制止惡性追高？屆時信口開河，漫天支票誰擔其咎？

六、現階段最佳策略：（一）、擴大並加強對中低收入戶的補助，並能持久。（二）、從速建立老人年金制度，增進社會安定。國家尚不能接受此一做法，則請在中央立法，由中央補助全面辦理，勿陷高市財政於雪上加霜之困境。

在易潛所著的《風林火山——吳敦義的施政風格》一書中指出，這張「筆記」是想到即寫，未做邏輯上的次序梳理，但可以看出，那一刻在吳敦義腦海中出現的，是「不為富人錦上添花」的正義感，是「如何避免人口隨金流動」與「惡性追高、漫天支票怎麼辦」、「對年輕人、勞工不公平」的整體性思考，而不是高雄一地的考慮，或選票壓力的思考。而如今也已證明，民進黨在幾個縣市為求選票，未經深思熟慮提出的老人年金政見，事實上無法持續執行，終告失敗。

這一套「哲學」，吳敦義在高雄市政上用得淋漓盡致，之後在立法委員、和行政院長更是日益嫻熟，尤其在行政院長內，各種政務都因此思考方式而駕輕就熟。

化解垃圾大戰，順利通過興建焚化爐

談起高雄市興建焚化爐，也波波折折，崎嶇坎坷。但是比起全台灣，高雄興建焚化爐，從沒有抗爭。高雄市過去的垃圾都是運往橋頭西青埔垃圾場掩埋，鄰近的橋頭與楠梓居民，忍受不了長期汙染，一九九〇年吳敦義接任市長未久，即爆發激烈抗爭。

為了一勞永逸解決垃圾處理問題，吳敦義一口氣規畫了三座焚化廠，目標是中、南區焚化爐完成後，至少可以滿足二十年的需求，然後北區再完成，如此高雄的垃圾即可三十年高枕無憂。

首先是位於縣市交界緊鄰鼎金系統交流道的中區焚化爐，於一九九四年九月一日正式動工，一九九八年六月二十四日進行試燒，讓高雄市的垃圾處理邁入新的里程。

中區焚化爐動工後，吳敦義開始尋找南區焚化爐的興建地點，他每天利用中午休息的時間，乘車在小港地區繞了數十回，最後相中了一塊阻力較小的地，但這塊地隸屬經濟部工業局，所以之前沒談成。這次經他費盡唇舌，經濟部總算答應了。最後南區焚化爐於一九九九年十月完工，但那時吳敦義已卸任市長了。

用地問題解決，但因西青埔掩埋場的時限卻已迫在眉睫，西青埔附近的居民不願再忍受，他們組成「自救會」，決定從一九九六年元旦凌晨零時起，不再讓垃圾車進入掩埋場。

一九九五年除夕，這個膽戰心驚的夜晚，沒有跨年的歡樂氣氛，只有緊張不安。對於西青埔附近居民，吳敦義很歉疚，因為要求延期的是市政府，而忍受垃圾髒臭的是居民。

當天晚上，民眾如預期把垃圾車攔下，車子在路上排隊。環保局長在十二時左右開始與群眾溝通。警察到一點多開始「抬人」，並「作勢」欲強制拖走擋在路上的汽車，群眾情緒再度升高，要吳敦義「喘共」，否則堅決不撤。警方繼續抬人，過程中拉扯動作雖難免，但行動相當節制，嚴守「安全、順利」的指示。這樣「磨」到凌晨三時左右，大家都累了，情緒也「再而衰、三而竭」了，吳敦義一直在指揮中心掌握狀況，這時終於「到場」與居民協調，決定隔兩天開會協商，於是抗爭氣焰熄火，四時許群眾散去，垃圾車也順利進入掩埋場。

對於群眾的抗爭心理，見過無數示威場面的「平頭市長」，有深刻觀察及應對方法，他說一個抗爭行動發起後，群眾情緒會一再加溫，然後在超過「臨界點」之後開始降溫。但若出現衝突，甚至一而再、再而三的橫生枝節，如有人受傷、被捕，或搭起的棚架被拆，情緒就難以控制。

接下來的一段時間，吳敦義一方面與居民協商，一方面透過媒體讓市民體認垃圾處理的迫切，焚化爐所在區域，很多居民都願意接受回饋方案，化阻力為助力。

但預算還要市議會通過，南區、中區焚化爐所在地區的議員，由於選票壓力還是很難投贊成票，還好議長陳田錨想了個妙計，幫了大忙。

「錨公告訴我，預算在議會如果一案表決會過不了關，所以要分兩案表決。表決南區焚化爐時，南區市議員可以反對，免得觸怒區內選民，中區議員則贊成通過；在表決中區時，中區議員反對，南區議員贊成，這樣兩座焚化爐的預算就可安然過關，高雄不用再掩埋垃圾了。」別人對自己有恩，吳敦義總是津津樂道。

一九九八年，吳敦義面臨改選關頭，仍在不斷緊盯焚化爐的進度，他指示也監督興建的主管每天都要填工作日誌，「一分一秒都不能浪費」，「包括局長在內的高階主管，輪流每天一人到工地檢查進度」。

他下定決心不讓垃圾危機再次發生。

但台灣地狹人稠，垃圾若持續成長，總有一天會無法處理。吳敦義一到任就大力提倡資源回收，並從市政府率先做起，會議資料用再生紙印刷、獎勵用雙面印刷。對外界則加強宣導資源回收與垃圾分類，全市普設資源回收站，三十八個里試辦每週日為資源回收日，幾年下來頗有效果，一九九五年底環保局欣慰的宣布，全年垃圾非但未如以往每年成長五％，還首次出現「負成長」。一九九六年環保署考評各地方政府環保工作績效，高雄市列名全國第一。

這個南投的第一縣長，到了高雄，仍然保持多項第一。

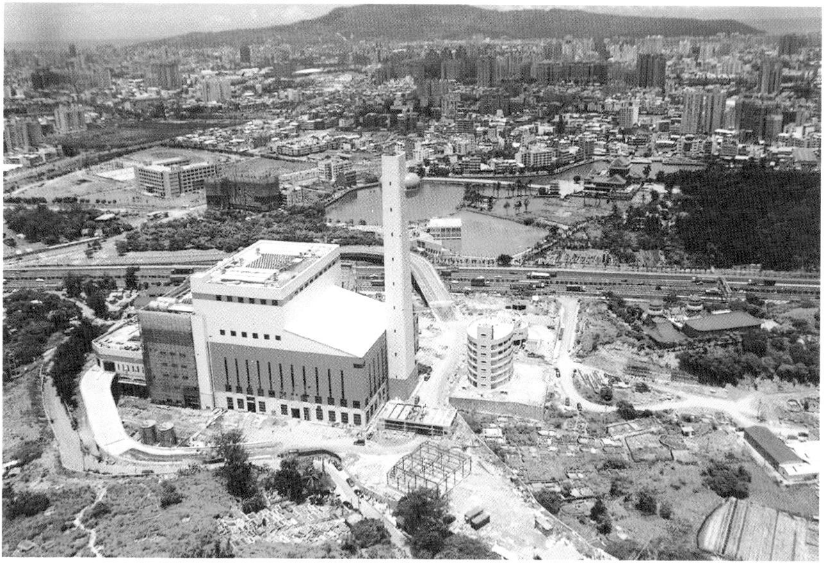

中區垃圾焚化爐。／董青藍提供

南區資源回收廠。／董青藍提供

爭取讓衛武營變身藝文中心

美國《時代》雜誌二〇一九年評選出一百個「世界最佳景點」選高雄衛武營列名「最佳參訪景點」，也是首度登上榜單的台灣展館，雖然當時高雄已變綠近二十年，若非吳敦義在市長時期，大聲呼籲將這塊六十七公頃（五倍於台北市大安公園）軍事基地，建設成如紐約中央公園的都會公園，甚至親自參加「催生衛武營公園」極力向中央爭取闢建，不可能成就今天的成果。

衛武營原為陸軍在南台灣的新兵訓練中心，亦是陸軍八軍團所在地，後來因為都市發展與社會結構變遷，已不適合再作為軍事用地，營區單位即自一九九七年起開始相繼遷出。

一九九二年時，行政院曾計畫將衛武營開發為新社區，興建中低收入住宅及軍眷住宅，但地方要求開發為公園的聲浪甚高，當時擔任高雄市長的吳敦義大聲疾呼，要求中央正視民意。

民進黨於二〇〇〇年主政時期，原本「計畫」投入八十億興建衛武營藝文中

吳敦義在高雄市長任內大力支持衛武營變身公園。／董青藍提供

心，但始終只聞樓梯響，未有大幅進展。二〇〇八年二次政黨輪替後，二〇〇九年九月吳敦義接任行政院長，即積極推動工程，並於二〇一〇年四月七日正式動工，這座亞洲最大的藝文中心才付諸興建。

如今，踏入位處鳳山與苓雅交界的衛武營，除了有很多民眾到此運動，藝文中心落成後，演奏廳、音樂廳、劇院，南側的戶外劇場與都會公園中央草坪連結，造福高雄市民得以輕鬆欣賞戶外演出。

促成「亞洲新灣區」

位於高雄港十一至二十二號碼頭的港埠地區及周邊土地，亦即高雄多功能經貿園區核心區。過去工廠林立，例如中石化、硫酸錏、台塑、二〇五兵工廠等，若非吳敦義當年促成油槽、氣槽、水泥槽等設備遷移至高雄港二港口，加上後來吳敦義行政院長任內全力支持灣區建設，讓高雄市政府近年來最引以為傲的「亞洲新灣區」不再是虛幻的口號。

亞洲新灣區是高雄國際化的新地標，係以四大國際建築為主體，包括海洋文化與流行音樂中心、高雄港埠旅運中心、高雄展覽館及高雄市立圖書總館；另外還有高雄環狀輕軌，興建經費超過二百億。當中的流行音樂中心、旅運中心與高雄展覽館，吳敦義在閣揆任內曾大力促成。中央編列預算支應，輕軌捷運非自償部分中央也補助七成九。

其中的二〇五兵工廠，原名為「南京兵工署六十兵工廠」，一九七六年改名為聯勤二〇五兵工廠。這座以生產彈藥為主的軍方工廠，曾提供高雄市民不少就業機會，包括軍職人員、眷屬和周邊民眾都曾在此工作。一九九〇年代初，吳敦義接任高雄市長後，配合中央推動亞太營運中心，將「亞洲新灣區」一帶規畫為多功能經貿園區，隨即展開區內工廠的遷廠工程。

由於牽涉層面較廣，經過多年評估與協調，在吳敦義擔任行政院長時，二〇五兵工廠有了初步眉目。後來，吳敦義出任副總統，更每每於馬總統主持的「軍事會談」，要求軍方加速二〇五兵工廠的遷移。

經過二十多年來的努力，二〇一六年三月十日，吳敦義以副總統身分再度宣

高雄展覽館 暨台灣國際扣件展 聯合開幕
Kaohsiung Exhibition Center & Taiwan International Fasten
Grand Opening
th April, 2014

高雄展覽館。／董俊志提供

高雄海洋文化及流行音樂中心鳥瞰圖。 ／高雄市政府提供

布行政院核定二〇五兵工廠搬遷計畫。到了二〇一七年八月，二〇五兵工廠的遷移才終告定案。

在二〇五兵工廠搬遷大事底定後，地方人士曾在平面媒體刊登大幅廣告，感謝吳敦義這位老市長多年來關心、爭取及推動二〇五兵工廠的搬遷，對於高雄未來的發展，產生了關鍵性的影響。

無論中央或高雄的政黨輪替與否，高雄是吳敦義的第二故鄉，在這裡他施展了中年的智慧和膽識，扎穩他向中央邁步的基礎。

205兵工廠空照圖。／高雄市政府提供

Chapter

6

為莘莘學子謀百年大計

——設大學，愛弱勢

傑弗遜曾經當過美國總統，但是在他心目中，一所大學的創辦人其價值超過總統。畢竟，美國總統有很多位，美國人民能記得幾人？大學創辦人卻是獨一無二，無可取代的。

——吳敦義

教育是國家的根基，高雄市長吳敦義任內爭取多所高等學府創立，圖為高雄餐旅學校開工動土。

二〇〇〇年以前，高雄小港機場，車水馬龍，高雄、台北間的北高航線，一天數百班機，在台灣的上空穿梭，很多人每天都來往北高，吳敦義就是其中常客，最高紀錄每天六次，就是三個來回。

現在，高鐵已取代飛機，南北一個半小時至兩小時即可到達。機場偌大的跑道空空如也，但是小港機場附近人群，仍然熙熙攘攘。

爭取增設多所大專院校

離小港機場不遠處有一所大學，學生必須穿制服、住宿，遇到老師一定要敬禮。難道這所大學要返回威權體制？而這所大學同時要教學生如何喝酒、如何吃美食，會不會有些矛盾了？

這就是國立高雄餐旅大學，吳敦義擔任高雄市長後，幾個在高雄設立的公立大專院校之一。

吳敦義到任不久，就發現高雄大學生比例奇少，一九九〇年教育部一份統計資料顯示，大學生占人口比例，台北是千分之四十五，台中是千分之六十三，高雄僅有千分之七．九，不但低於台北，比台中差得更多，不單重北輕南，更是重中輕南。

他看到這個數字簡直不敢相信（大部份的人大概都不敢相信），說什麼亞太營運中心，說什麼國際化，連專業人才都沒有，要談遠景，簡直是「鏡花水月」、「空中樓閣」。

黃昏時分，吳敦義緩緩從市長室辦公桌後面站起來，看向窗外東北方的愛河，路燈青青、水波粼粼，想著北漂的青年，高雄大學比例少，當時全國只有一〇%的大學生來自高雄（台北占四〇%，台中三〇%），大部分高雄子弟也都得到外地求學，然後在異鄉工作，成為「北漂族」，他決心爭取在高雄辦大學，讓高雄及南部子弟不需再負笈北上，父母也不必倚閭望兒女歸。

他奔走於高雄炙熱的陽光下（親近的人都知道他最怕熱），覓地找才，物色創校人選，解決預定建校土地問題。每星期三開完中常會後，就為預定要設立的多所大學協調相關部會，到後來教育部、內政部，看到「小平頭」就頭大，猜想定有什麼棘手的事才登寶殿，前教育部長吳京即曾說：「這真是個硬頸市長。」

因為吳敦義積極爭取，高雄市自一九九五年起，即陸續增設多所國、公立大專院校，包括一九九五年開始招生的國立高雄餐旅專校、一九九六年成立的高雄市立空中大學，以及一九九七年成立籌備處、二〇〇〇年創校的國立高雄大學，嘉惠高雄及南部縣市的莘莘學子；另外，因為吳敦義在楠梓地區辦理區段徵收，提供了近二十公頃的校地，原在旗津的高雄海專，也才得以取得足夠校地面積遷校，並升格為國立海洋科技大學。

二〇一八年二月一日起，第一科技大學與高雄海洋科技大學、高雄應用科技大學，三校合併為「國立高雄科技大學」，學生數僅次於國立台灣大學，為國內規模第二大的國立大學。三校合併計畫，歷經多年協商才得以成真，若非吳敦義當年爭取多所國立大學在高雄設立，全國規模最大的國立科技大學，根本不可能在高雄誕生。

美國的開國元勳傑弗遜生前豐功偉業，在他臨終前，交代在他的墓誌銘只要刻下兩項「頭銜」：「美國獨立宣言起草人」及「維吉尼亞大學創辦人」。吳敦

吳敦義主持市立空中大學開校揭牌。／董青藍提供

連戰主持國立高雄大學籌備處成立典禮。／董青藍提供

義不止一次以這個故事勉勵市府教育行政人員。他說：「傑弗遜曾經當過美國總統，但是在他心目中，一所大學的創辦人其價值超過總統。畢竟，美國總統有很多位，美國人民能記得幾人？大學創辦人卻是獨一無二，無可取代的。」

「十五．一公頃」的遠見

國立高雄餐旅專科學校的設立，第一道關卡就是校地。眾所皆知，大學之所在都會帶來附近商機，例如老師、學生的住宿餐飲、日用品，而且因是文教區，地價也會節節升高。餐旅專校的用地本來是台糖土地及不值錢的農業地，吳敦義採用區段徵收，而不是依照公告地價徵收，而且當時專科用地只需五公頃，但是吳敦義卻撥給了十五．一公頃，市府地政處長覺得很納悶。

原來，吳市長認為餐旅專校終有一天必定升格為大學，大學需用地十五公頃，但「地政單位土地重測常會出現不同結果，因此預先多留〇．一公頃，以備不時之需。」在地方有豐富行政經驗的吳敦義預見大學未來的需要，也成為高餐建校的一段佳話。

至於為何要用區段徵收，而不採一般的土地徵收？這也是吳敦義顧及地主權益的表現。區段徵收屬於土地開發方式之一，多為大面積之土地開發，開發後區內包含有完善之公共設施、發回地主之抵價地及其他可建築土地，地主可選擇領取補償費或領取抵價地；與一般徵收土地開發單一公共設施或特定事業，如公園、道路、汙水處理廠，地主僅可領取徵收補償費有很大差別。

後來「高餐」設校後附近的地價漲了很多，至今已經是當初的二十餘倍，如果當時用一般徵收方式，人民就虧大了，吳敦義說：「如我是地主，我會去包圍市政府、火燒市政府，因為這等於政府在劫取人民財產。」

在「高餐」之後籌設的國立高雄大學，亦是採區段徵收方式取得土地，地主也同樣蒙受地價上漲之利。

吳敦義推薦被政府指派為「高餐」籌備主任，並為第一任校長的李福登常說：「沒有吳敦義，就沒有高雄餐旅大學。」

雖然高餐已經是大學，但李福登一創校就立下嚴格規矩，學生一定要穿制服，宿舍被子、床單要折疊整齊，早上六點多要輪流打掃校園，學廚藝，不止學技巧，從準備開始，老師要檢查儀容，指甲要修短，手要乾淨，廚師帽和制服得熨得方整，烹飪結束，要把所有鍋碗瓢盆洗乾淨、放回原處才能離開，下午的課，學生要到晚上十一點多才回到宿舍。

老師們有時會接到新生家長的抱怨，操得太厲害，因為這所學校在創始時，台灣是「只要我喜歡，有什麼不可以」正夯的年代，高餐要求的這些，都是養成服務業人才，提升服務業水準的必要條件。

李福登說，因為是國內第一所餐旅大學，學校需要很多特殊設備，都牽涉到工程單位，高雄市政府都盡快審核，合乎法令者都盡快通過，這樣能趕上開校進度。

回憶起創校的艱辛，李福登記憶猶新。不單建築物不同，課程規畫也無前例，只有國外教程可參考，那些學校都有數十年歷史，最重要的是培養專業精神。李福登在創校時就確立兩個重點，一是每學期開學時，要舉行拜師典禮，學生穿著傳統服裝，向老師奉上束脩，象徵對老師的尊敬。

以後校長代代堅持此儀式，為什麼？因為餐飲業除了授課外，老師可傳授獨家祕方，不管料理，還是顧客心，端看老師願意教多少，這樣的典禮促進師生的感情，老師得到尊重。

另外一項制度，是學生畢業前要到國外飯店或餐廳實習兩個月，學生入學不久，學校會為每個學生開帳戶，因為學生每個暑期都要在國內實習，實習單位都會有薪水匯入學生的帳戶，積累下來等到四年級要出國時，就可以買機票、支付國外的食宿費，國外大部分實習機構還會付薪水，學生可拿來當零用金。

在歷任校長努力辦學下，國立高雄餐旅大學已成國際著名餐旅大學，與法國藍帶廚藝學院、瑞士酒店管理大學齊名。

當吳敦義一九九〇年被李登輝派到高雄時，他就立定心願，不管多困難，必須在高雄設立一所國立綜合大學，而且要以「高雄」為名。那時，高雄只有一所綜合大學，就是中山大學，另有以培育教育人才為主的高雄師範大學。

教育部希望設立中山大學分校或者暨南大學復校，吳敦義認為如此就辜負了高雄這座城市，再三向中央爭取，終於成功。由於土地要變更都市計畫、教育部長頻頻換人等，從一九九二年開始申請，終於在二〇〇〇年二月一日成立了國立高雄大學，並自二〇〇六年起多次獲教育部獎勵大學教學卓越計畫，二〇一九年獲得英國《泰晤士報高等教育特刊》公布的「二〇〇〇年後成立、世界最佳千禧年大學」全球第五十六名，也是台灣唯一入榜的國立大學。

國小不再有二部制

在促進菁英教育的同時，吳敦義也往基層教育扎根。高雄市自一九七九年改制為院轄市後，人口增加快速，國民教育的硬體建設追趕不及，國小不得不實施二部制教學，也就是分成上午班與下午班，這不但有礙正常教育，對學生、家長、老師都非常不方便。

吳敦義一到任，大手筆加撥十三億四千多萬元，到一九九二年，短短三年，「二部制」在高雄成為歷史名詞，小學終於全天上課，足見不是「不可為」，而是「不為也」。

吳敦義也積極讓全體學童能安享「營養午餐」，這曾經是一九九四年首屆民選市長時，北高二市每一位候選人的「共同政見」。吳敦義在當選半年後，也就是一九九五年度開始，高雄市的國小已經全面開始辦理營養午餐，而且是學校自辦，不是外包。

營養午餐雖是德政，但辦起來責任重大，一個不小心就可能吃出問題，萬一發生集體食物中毒，誰也擔不起責任。吳敦義一再叮囑教育人員：「以自己品嘗的心情辦午餐、以媽媽烹飪的心意做羹湯」，這樣才能做出美味、安全的午餐。

除了對學校教育的用心，吳敦義也致力於成人教育。他一直夢想要辦一所「市民大學」，沒有校園、圍牆，但所有市民都可以有機會「活到老，學到老」。這個夢想，透過陸續開辦的「市民學苑」、「長青學苑」、「婦女學苑」、「婚姻學校」，到一九九七年「高雄市立空中大學」正式招生，終於完成了整體架構。

特別值得一提的是「市民學苑」。一九九一年八月開辦第一期，在報名的前一天，就有市民漏夜排隊等候，報名當天，排隊「人龍」從府內走廊一路排到市府外，預定招收一千五百人，來了超過三千人報名。盛夏酷暑，民眾揮汗如雨排隊，卻不以為苦。

吳敦義在慰勞民眾時笑開了懷：「以前人家說高雄是文化沙漠，其實是沒有提供機會，沒有用心去想，怎樣能讓市民活到老學到老。你看我們的民眾，求知若渴，多麼可愛！」以後年年增班，亦年年爆滿。最熱門的班，十幾分鐘就滿額了。

為滿足市民終身學習需求及因應高齡化社會來臨，吳敦義並於一九九四年編列五億七千餘萬元，興建俗稱「老人大學」的「長青綜合服務中心」，經三年施工，於一九九七年十月十日（農曆九月九日重陽節）落成啟用，不但是全國最大，也是東南亞規模最大、服務最完善的老人福利機構。

「十年樹木，百年樹人」，吳敦義喜歡種樹，「樹木」在他任內已經有了傲人的成果，「樹人」努力，卻可能影響得更深、更遠。

1997年10月，吳敦義主持長青中心開幕典禮。／董青藍提供

▼Inside Story

英雄有情

二〇一一年六月，馬英九選定吳敦義為他競選連任的副手，馬英九如此推薦吳敦義：「擔任行政院長兩年多來，確實能以民眾為念，對地方民意掌握相當精確，有悲天憫人的情懷。」

當時很多人覺得吳敦義是人生勝利組，給人印象是強悍堅持，鐵腕整治，但在堅強的外表下，他對弱勢人有著溫暖的感情。總希望默默為他們做些事，所以很多人稱他為「義哥」。

這種感情現今仍然隨處可見，吳敦義辭去黨主席後，經常至木柵貓空爬山，遇有雨天，如果用餐，他點的東西特別多，同行人以為他下雨天胃口特別好，但他說：「下雨天店家生意比較不好，多點一些，我們花費不多，但是對他們有幫助。」連帶也吩咐太太，在路邊菜攤多買點菜回家。

吳敦義的一位小學同學回憶，當時幫他競選南投縣區域立委，連續助選三屆，競選期間，總部同仁每天都會煮飯給幫忙的人吃，也會準備給遊民同樣的飯食。每次吳敦義如果回總部吃中飯，一定到外面與遊民同桌，「一天、兩天沒有改，一個月兩個月，也沒有改，直到競選結束，屆屆如此，就看出他是真心。」

在高雄市長和南投縣長，他更是做了很多沒有見報的善事。

一九九七年一月二十八日接近半夜，住在嘉義市的陳連達先生（當時是嘉義市育犬協會總幹事，從事造景工作），匆匆忙忙趕到高雄市遊民收容所，認出他的兒子陳風憶，二十歲的陳風憶因為智力障礙不太會講話，曾一度在桃園特殊學校學習手藝，一九九五年九月十日在嘉義市失蹤，流浪到高雄市火車站，被帶到遊民收容所收容，與父親及家人已分開一年四個月。

這溫馨感人的真人真事，是如何來的？原來是吳市長辦的遊民尾牙，台視現場實況轉播，陳連達看電視，忽然看到兒子在裡面，激動不已，立即就趕到高雄來相認。陳連達到達遊民收容所，一眼就認出兒子陳風憶，他喊兒子的名字，陳

風憶竟然回答：「有！」（以前不太會說話）。陳連達上前擁抱兒子，陳風憶回應積極，還笑出聲音，陳連達當場就帶他回家。

此外，從南投縣長到高雄市長，蔡令怡都會在耶誕節主辦聖誕晚會，開放官邸讓育幼院孩童參加，蔡令怡請來樂隊演唱、說故事，中場還由吳敦義扮演白鬍子聖誕老公公，騎著馬車進場，一一分送孩童禮物，蔡令怡說：「雖然辦完後，一身疲憊，但能帶給孩子們一個歡樂的聖誕節，實在很高興。」

在南投縣長、高雄市長任內，吳敦義夫婦每年都會辦聖誕晚會，帶給孩子們歡樂。

操守掛帥的領導風格

很多人在四十到五十九歲之間，進入中年後，往往感受到身體和心理的衰退，因此「中年危機」頻頻出現，從四十二歲至五十歲之間擔任高雄市長的吳敦義，字典裡沒有這四個字，顯然是中年愈活愈有興味，活在生理、心理狀態的頂峰，也在這時他確立了領導風格，直到他任行政院長和黨主席。

我最近重看《美國總統的七門課》一書，深感總統主導一國命運興衰，其實一個縣市首長所負市民命運興衰同樣重要。

這本書作者大衛．葛根（David Gergen）是資深記者、專欄作家，也是白宮主人的文膽與策士，中文版於二〇〇二年出版，當初被廣泛用在批評陳水扁上，因為陳水扁在第一課「貴重人品」就掛零分，其他課程還沒修就得死當了。

在這點上，吳敦義無懈可擊，他清廉自持一向如此，堅持到現在，他的崛起正逢台灣經濟最盛期，要抗拒的誘惑太多了。他的高雄市長任期內，主導諸多都市變更、市地重劃，不管在美術館、都會公園、小港機場附近買塊地，現在都是上億資產，從高雄市長開始，綠營就引他為國民黨內最大敵人，而國民黨內也內鬥內行，外鬥外行，讓吳敦義遭受諸多委曲。

「我從市議員開始到行政院長，沒有和政府做過任何生意，也沒有貪過政府一毛錢。如果有什麼傳聞，他們怎不對付我？」吳敦義嚴正地說，縱使經過二〇二〇年國民黨的敗選，他最大的心安理得就在此。

「文茜世界周報」主持人陳文茜，曾與吳敦義在立法院共事四年，有次在電視談話節目中說：「很少看到這麼清廉的人，」陳文茜加強語調，特別把這句話講了兩次，她接著又說：「遇到那些大財團，該怎麼辦就怎麼辦。」

吳市長任內的機要科長吳建國（後來任我國駐紐西蘭代表）回憶，「負責市長的收支事宜，他總叮囑我，該領的領，不該領的一毛都不能要，帳目要乾乾淨淨。」

他對部屬第一項要求是操守，然後才是能力。

二〇〇七年三月間，由於台北市長馬英九特別費案引發全國首長的後續風暴，司法單位也來調查吳敦義擔任高雄市長時的特別費。包括之前的機要祕書、聯絡處同仁等，都被傳訊、約談。只是，歷漫長的調查，最後查無弊端，司法單位只能自行結案。

精力充沛的行動派

葛根說，領導人第二課是「目標清楚」，例如總統應該要對全國表明他的施政方向。林肯的目標在拯救聯邦，小羅斯福的目標在於終結經濟蕭條、贏得戰爭。目標最忌繁瑣，人們看不到領導者的方向，自然無法跟隨。

在高雄市長任內吳敦義的目標清楚，不單要帶領高雄經濟往前行，教育、文化、社會、環保都要一起往前行，所以他決意供給乾淨的水，興建焚化爐，廣設大學，他知道公務員的習性，所以他把大目標分成小目標，然後把小目標縮小成個人今天一定要辦到的事，以鎖緊鬆散的螺絲釘。

高雄大學學校用地，一直不得解，吳敦義非常急，有次開市政會議時，他問當時地政處長「情形如何？」地政處長報告「公文正在內政部營建署裡」，聽完後他當即裁定：「你馬上派個人到台北，查明公文現在到底在哪裡，這個人只管這件事，查明了耽誤在哪裡，我自己打電話給署長。」

會議如常進行下去，過了五分鐘，他又問地政處長說：「你何時派人去？」地政處長說會後馬上派人去，吳敦義聽了靜默一分鐘，大家都捏把冷汗，大概是對在場人員最長的一分鐘，然後用他一貫的口吻，不疾不徐地說：「我說馬上，是現在的馬上，不是會後的馬上。」還補了一句：「直到查清楚為止，查不到這個人就不要回來。」

第三課對領導人來說，是「說服力強」，這點更是吳敦義的強項。戴著眼鏡，薄薄的兩片嘴唇，說服了多少反對者，平靜了多少示威者，也鼓勵了多少部屬。說服力在領導者來說，造就他是否能成為有魅力的領導人，魅力型的領導者善於表達自己的思想，擅長運用各種言辭和非言辭的表達技巧，與人交流時思想內容豐富，旁徵博引，挑起人們對現狀的不滿，推動他們對新的未來設想的支持。

吳敦義尤其善於用詞彙做另類解釋，他常以「做一天和尚撞一天鐘」的諺語，希望市府首長不要只是做「消極的鐘」，而是積極的「做一天好和尚，撞一天好鐘」，要撞得「鏗鏘有力、繞樑三日」才行。

第四課是「在體制內運作的能力」，領導者必須自視為民主網絡系統的中心，體制內的人會決定他的施政成效。

吳敦義不願做革命者，寧願做改革者，在高雄工作期間，遇有中常會、行政院院會，早上從高雄坐飛機到台北，中午、下午都穿梭於各部會中，協調高雄事務，下午就回高雄。

當然，吳敦義也有從政的特殊天分，現在因為政治不彰，所以政治兩字，聽起來汙穢，但是從事政治有特殊條件，政治真的做得好，需要很多條件如外向、喜歡溝通、喜歡講話，喜歡人群，這些都是政治人物的基本條件。

吳敦義精力充沛，全身充滿政治細胞，雖然不像柴契爾夫人和馬英九等一天只睡四、五個小時，但是他在高雄時，每天工作十六小時，往往工作到晚上八點，然後帶著機要人員去拜訪里長，排難解紛，到晚上十一點多。

如有出國行程，更是前晚十二點結束，早上七點就精神奕奕在樓下大廳等團員，交代當天任務，要注意事項，行程一個接一個，馬不停蹄、沒有倦容。「後來議員都喊吃不消，不願意跟我們出國。」曾任高雄市新聞處長的吳建國說。

機要人員說他工作時專心，每逢「市民時間」，吳敦義市長從九點開始，有時到下午五、六點，中午也不休息，便當放在旁邊都冷了，他也不吃，從早到晚只上兩次廁所，輪到什麼問題，就找什麼局長來，「在南投歷練八年，政府架構，中央與地方關係，相關法令他都熟。」

他到現在還沒有睡午覺的習慣，不管當市長，後來當立委、行政院長、副總統，都如此，又工作得晚，身旁祕書常喊吃不消，必須分批輪班才行。

擔任高雄市長時出訪教廷，即使行程滿檔，依然精神充沛。

第三部

政績出中央

Chapter

7

英雄守弱

——問政以群體優先

在一九九八到二〇〇〇年前後的詭譎政治局勢下，雖橫遭對手的抹黑，讓吳敦義碰到人生大挫折。但回首前塵，雖有氣憤、不平、埋怨，但是他知道這個挫折絕不是句點，只是逗點。他除了全力投入九二一災後重建，傾立委十年任內之力，全心呵護，也肩負總統及全國立委的輔選重責。

二〇〇一年，投入第五屆南投縣立委選舉，為民喉舌。

一九九八年十二月五日晚間，愛河的水靜靜流過，恰似唐朝詩人張若虛在七言古詩〈春江花月夜〉中所敘：

灩灩隨波千萬里，何處春江無月明？
江流宛轉繞芳甸，月照花林皆似霰。

台灣的政壇正在暗潮洶湧。晚間八時許，五十歲的吳敦義大步走進高雄民生路與民權路交口的競選總部，隨即請助選人員拿出幾個里的開票結果。他看了一下，低頭沉思片刻，就說：「走吧！我們出去開記者會吧！」一位與他接近的助選人員事後回憶。

坦然接受敗選，不戀棧

開記者會，就等於是承認此次選舉失敗。「看了那幾個里的開票數字，他心中就已經有數。」他身邊的機要說。

吳敦義很決絕，不重新計票，也不拖延，儘管只差對手四千五百六十五票，他還是當機立斷，準備打包交接。

高雄政界在地派有三大派系——王玉雲（王派）、陳田錨（陳派）、朱安雄（朱派），王玉雲政商關係綿密，地方勢力大到「喊水能結凍」。在投票前一個月，王玉雲已經與民進黨候選人謝長廷會面，表明要幫助謝長廷競選。吳敦義心知肚明，有幾位王玉雲派系的國民黨議員一定會倒戈，連著那幾位市議員下的里長也會靠過去。

那年，國民黨在高雄的情勢並不好，新黨無法整合，曾任國大代表、高雄工專校長的吳建國，不知何故堅決要參選市長，最後代表新黨投入選舉，雖然只獲得六千多票，但如果國、新整合成功，吳敦義四千餘票之差無疑可以補過來。

在未正式選舉前，與吳敦義及當時新黨全國委員會召集人（等於黨主席）陳癸淼都有交情的地方人士，曾一再向陳癸淼反映，希望新黨勿在高雄市提名，以免影響吳敦義選情，無奈陳癸淼未能說服黨內主要提名決策委員，國新整合破局，吳敦義落選，謝長廷以領先不到一趴的差距當選，開啟高雄綠色執政的二十年。

據一位輔選人員表示，由於太慢宣布參選等因素，吳敦義那年參選連任的意願實在不高，他已經在高雄待八年半，希望後繼有人。

「我們在六月就開始打包，準備離職了，肯定他不想選了。」他的祕書表示。

另外一個他不想選的原因是，他廉潔自持，得罪了一些地方有力人士，例如關說職缺、工程發包，都得按照法令來。不管採礦、拆除違建、取締汙染，該罰就罰，在講究人情的高雄，被認為「太過」了。

「我不想選，是因為第一任已經得罪了很多人，第二任會得罪更多人。」吳敦義曾告訴身旁的機要。

吳敦義第二任市長時，全台灣的營建、機電業者都在覬覦高雄最大的建設——高雄捷運。台北捷運經費是中央與地方各出資一半，本來中央要比照，但吳敦義爭取到中央補助七五％、地方負責二五％，只是是否要做ＢＯＴ還未確定，諸多地方人士認為吳敦義過於潔癖，遲遲不願輕率拍板。

到了一九九七年初，部分市議員的聲音開始出現：「吳敦義再選下去，我們就別選了。」中華民國的公職選舉，從地方到中央花費甚巨，候選人經常要為下一屆選舉蓄積資本，但在吳敦義主政下的高雄，不是那麼容易。

重視操守，得罪「南霸天」

敗選最大的一擊，來自南霸天王玉雲倒戈，表態支持謝長廷。

一九九四年第一次民選市長當選之後不久，李登輝對他說，二位副市長人選可否考慮王志雄——即「南霸天」王玉雲的長子，曾任立法委員；但他告訴李登輝，市府的政風單位調查過王玉雲的中興銀行，已經出現嚴重弊端，期期以為不可。

「我怎麼能選一個家族企業有問題的人做副市長。」吳敦義在接受訪問時回憶，他眼神出現一抹決絕。「我還跟他（李登輝）半開玩笑說，要是您很看重他，不如就選他做你的副總統好了。」

也因此，王玉雲後來召開記者會，大肆謾罵吳敦義，一家王玉雲家族掌控的報紙，經年累月、長篇累牘攻擊吳敦義，市政、個人、團隊都不放過，有時還全版刊登。有政壇及媒體人士跟吳敦義自告奮勇，願意去調解雙方的糾紛，但吳敦義認為沒有必要：「如和解，無非要給王玉雲好處而已，我做不到。」

王玉雲的胡亂指摘，吳敦義本不介意，但因唯恐有心人操作，二〇〇九年九月十日吳敦義就任行政院長後，面對立法委員質詢以及數個公開場合，都公開聲明，那是王玉雲為兒子謀官（副市長）不成，挾怨報復而誣控他的用辭。他堅定表示：「罵我的人，因為掏空銀行數百億被判刑，逃亡大陸，被司法機關通緝，你們還要相信那個人嗎？」

的確，二〇〇〇年中興銀行弊案爆發，董事長王玉雲、副董事長王志雄及總經理王宣仁共同涉及該行八百多億元違法放貸弊案被起訴判刑。

王志雄在二〇一二年被大陸公安逮捕，經我方調查局派員押解回台灣，後被判刑二年確定，二〇一五年入獄服刑，「南霸天」一代家族也完全失去其影響力。王玉雲逃亡後，則在北京病逝。

其實，王玉雲的汙衊，就像無端潑到吳敦義白上衣的墨水，但在有心人的操作下，即使時隔多年，仍未能完全洗淨。至今，除了綠營對手，也有些不明事理的民眾，在不知真相、不明究裡的狀況下一味「傻傻跟著別人走」。

這就是台灣選舉亂象的歪風之一，耳語淪為打擊政治人物的工具，讓正派政治人物的努力和清廉平白受損，卻又百口莫辯，實在很不公平！

還原錄音帶事件——選舉奧步的受害者

一九九八年，李登輝來高雄先後看了吳敦義三次，專機南下，在吳敦義市長官邸長談，勸他出來再選一次。因為台北有馬英九選市長，希望他能守住高雄市，一南一北，互相輝映。

「當晚九點，我送李登輝到機場後回家，很多記者打電話來問我，是否有被李登輝說動，對記者的電話我都自己接，當晚有三十幾位記者來電。」

幾個月後，吳敦義宣布競選第二任市長，積極展開部署，雖然遲些時候，但大部分人還是認為，以吳敦義在高雄八年半積極任事，貢獻無數，選上第二屆應無問題。

他的南投鄉親也一個個南下幫忙，沒有地方住，都安排在市政府後面的民宅，有的可以睡床，有的打地鋪，前鹿谷鄉鄉長邱政義就打了近兩個月的地鋪。白天這些鄉親就集合到競選總部，什麼事都做。

四年前，院轄市長首次開放民選，吳敦義因政通人和、施政有口皆碑，以十一萬餘票的差距大勝民進黨對手張俊雄，他得四十萬七百六十六票，張俊雄得二十八萬九千一百一十票。

第二任競選過程還算順遂，當選連任在望，但選前三星期的十一月十八日，民進黨高雄市議員候選人陳春生召開記者會，公布一卷錄音帶，內容包含吳敦義與女記者的對話，為選舉投下震撼彈。談起這事，吳敦義現在已經淡然。雖然他是選舉奧步的受害者，錄音帶一聽就知是變造，很多地方不是吳敦義的聲音，也不是吳敦義的語氣。但那些都已經過去了。

陳春生出身高雄市政府，曾是吳敦義的部屬，之前原在內政部營建署任職，吳敦義被派任高雄市長後，他寫了一封信給吳市長，對高雄市政提出一些建言，也表達因為父母親年事已高，希望回高雄市服務。吳敦義覺得陳春生孝心可嘉，將其安排在機要科裡任股長一職，一九九八年謝長廷代表民進黨挑戰吳敦義，他也加入民進黨參選市議員。

當陳春生斜掛著競選橫幅，手舉著錄音帶，召開記者會時，猶如重現一九八九年美國電影《性、謊言、錄影帶》（*Sex, Lies, amd Video tape*）的情節，只是錄影帶變成錄音帶，還要加上個「背叛」的元素，是吳敦義成全了他的返鄉夢，以及任市政府官員所培養的選舉人脈，但他為了個人政治利益竟然恩將仇報。

遲來的正義，已然於事無補

吳敦義得知錄音帶事件，第二天就按鈴申告，並且在競選總部召開記者會，太太蔡令怡和女兒吳子安分站兩側，吳敦義指出這卷錄音帶是明顯偽造，選戰輸贏不要緊，這是對他個人人格最大汙辱，並且對他家人造成傷害；接著蔡令怡流下眼淚，泣不成聲，夫婿為了市民、為了市政夙夜忙碌，還這樣被冤屈，實在不忍。「他用情專心，我不敢說他認識我以前有沒有女朋友，但認識我後，就沒有任何問題。」蔡令怡如此說。

吳敦義從年輕時就謹守男女關係分際，高雄餐旅大學首任校長李福登的太太嚴蓉蓉是台灣師大畢業，就學時參加救國團辦的暑期新聞營，吳敦義和胡志強都在其中，嚴蓉蓉說：「胡志強與女生有說有笑，吳敦義根本不甩女生，總是一本正經地做事。」

在政壇服務了這些年，時間刻痕已然留在他臉上、髮梢、眼角旁。有挑戰，他衝上第一線，有責難，他一肩扛；但面對抹黑、抹黃，江水似浪，雲霧淒濛的事件，他除了聲嘶力竭地澄清、聲明，能做的卻是那麼有限。

他不能找個理由大打對手謝長廷嗎？也可來個反抹黑？不，他要打一場乾淨的選仗，就如他經常穿的白襯衫，熨得平整。攻擊對方也要有充分理由。一位幕僚回憶，一次選務會議中，有位同仁舉出幾點可以攻擊謝長廷的地方，並說可以舉報監察院；那位同仁因為氣不過對手的齷齪，第二天便要去監察院，被吳敦義阻止不准去。

在高雄市長宿舍的全家福。

數天後，台大語言所教授江文瑜出面表示，聲稱經過她自己實驗室檢驗，錄音帶是真的。不過，江的說法卻被調查局打臉，調查局說經他們鑑定這捲錄音帶確實遭人剪接、變造；後來錄音帶送到具有國際公信力的美國「歐文（OWL）實驗室」鑑定，也證明是變造。歐文實驗室並指「錄音帶中曖昧字句段落前後，都有這些外加無法譯成文義的卡嗒聲，明顯並非人的說話聲，並為編錄過程所造成，手法極為粗糙、拙劣，應可確認為剪接、變造所造成」，陳春生乃被起訴。

這起官司從地方法院、最高法院，陳春生於二〇〇五年九月，被依《選罷法》判處有罪確定，但距離當年選舉已過了將近七年，吳敦義贏得官司卻輸了選舉，後來陳春生曾想來與吳敦義道歉未果，讓他感嘆：「遲來的正義，已於事無補，又有什麼用。」

個性力求完美，婉拒宋楚瑜、連戰

吳敦義有很多高雄夢未了，高雄捷運要開工，高雄大學籌備處才成立一年，壽山公園及市區的樹還栽得不夠多、都會公園未臻完善，甚至他還捨不得那些在市民學苑修課，力求上進的市民……。

高雄市長敗選，「是我人生的大挫折，」他承認，但已心氣平和，前塵往事，如今看來，「回首暮雲遠。」

那年他剛滿五十歲，從政二十五年，雖然有氣憤、不平、埋怨，也有過消沉，但是他知道這個挫折絕不是句點。

一九九八年十二月二十五日市長交接當天，吳敦義和蔡令怡就搬離了市長官邸，回到台北和平西路寓所。

陽光給了你一片陰影，終究會還你一片光明。從一九九九年到二〇〇一年這個世紀之交，竟是吳敦義和太太最快樂、最輕鬆的歲月，他們在全省各地看朋友，參加活動，出國遊玩，探視海外讀書的子女，是無官一身輕。失之東隅，收之桑榆，他也實現了許諾給太太的：「五十歲後時間要多給家人。」

一九九八年，確實發生大事，馬英九擊敗陳水扁當選台北市長，李登輝宣布凍省，加上其他縣市長異動。「那年台灣機要大失業，全台灣一共有六百多位機要失業，跟著老闆一起走。」曾任吳敦義機要的吳建國回調外交部，擔任外交部駐高雄辦事處主任。

凍省後，國民黨黨內人氣最旺的宋楚瑜卻黯然辭卸台灣省長職位。當時李登輝贈他「諸法皆空，自由自在」八個字，宋楚瑜之後赴美沉潛了七十多天。一九九九年，他確知自己不會獲國民黨提名參選總統，以無黨籍身分，成立「新台灣人服務團隊」，積極部署競選總統。

「他從美國回來，到我家拜訪我，希望我當他的副手。」吳敦義說。宋楚瑜的親信也證實，吳是宋楚瑜第一個邀請搭檔的副總統人選。

宋楚瑜不單向他提一次，而且三顧茅廬，到他家及到他辦公室「請益」；後來並透過一位大師級的宗教人士遊說，仍然未能說服吳敦義。當時宋剛從省長下來，聲勢如日中天，宋楚瑜的民調四一%、連戰才一〇%、陳水扁更只有九%，看似已鐵定當選，吳敦義從高雄市長選舉敗選後，回到《中國時報》擔任社論主筆，政治前途未卜，只要他點一下頭，宋必欣然以對，他的副總統就可能提前十二年當上，更可能在宋之後選上總統。

他的機要說：「宋省長在宣布副手的最後一刻，還打電話請吳先生再考慮一下，但吳先生仍然婉言拒絕。」

事隔二十年，吳敦義神情嚴肅地說：「我是忠貞國民黨黨員，我絕對不會為個人利益脫黨競選。」雖然欣賞宋楚瑜的勤政與治理能力，吳敦義卻仍有自己堅持的大原則。

但是，二〇〇〇年吳敦義並沒有為連戰站台，有些國民黨員不諒解，他在二〇〇七年接任祕書長時，在與黨員座談時曾經表示，二〇〇〇年大選前，連先生有透過有力人士，來傳達希望他全省站台輔選的訊息，「宋楚瑜在民調第一時找我搭檔競選，對我而言有知遇之情，後來宋因興票案陷入困境，如果我答應為連站台，外界一定會繪聲繪影說是連陣營用好處拉攏，我才為他站台。我是有情有義的人，所以選擇不站台，但我的一票投連，太太不是國民黨籍，她要自行決定，所以她的一票投宋。」當年的做法，對他來說，是「情義兩全」。

他個性求全，尤其自己沒有派系，更是各方要求都得顧及，還有自己的清譽和操守，很多人認為他太求完美，影響他做關鍵決定時考慮太多，更影響到他日後的政治前途。

全力投入九二一災後重建

婉拒當宋楚瑜副手，只需幾分鐘，但是當年九二一大地震之復原，卻需要日後他傾立委十年任內之力，全心呵護。

南投是台灣的心臟，一肩承受了大部分災難，一九九九年九二一大地震，山河在震動，房屋、工廠瞬間倒塌，人們在哀號，神鬼天地似乎已無法顧及，九月二十二日吳敦義趕回家鄉，一路上店家關門，便利商店都買不到水。才幾星期不見的家鄉，已經面目全非，有些地方根本認不出來，鄭進一作曲、作詞的台語歌曲〈故鄉〉，歌詞這樣寫，「有幾間厝，用磚仔砌，看起來普通普通，常出現在我夢中」，故鄉人也是，「一群人真正善良，面上攏帶著笑容，安分守己，士農工商。」那時，連這些夢，這些景象，都不能復得。

面對家鄉的殘破，但是，傷感只能片刻，就得捲起袖子幫助救災，他自掏腰包捐給小鄉鎮十萬元、大鄉鎮二十萬元，那時沒有官職，但靠自己的人脈，請求國防部搶救埋在廢墟下的災民，爭取黃金時間七十二小時，開路使得救濟物資得以送達。

「看到他出現，覺得帶來力量和希望。」一位他在草屯的國小同學說。

這個台灣百年來最慘烈的地震，根據內政部社會司的統計，共造成二千四百一十五人死亡，二十九人失蹤，一萬一千三百〇五人受傷，五萬一千七百一十一間房屋全倒，五萬三千七百六十八間房屋半倒。更留下一百二十位左右失去父母的孩童，進入了親戚家，有些沒有近親的孩子，蔡令怡聯絡華興中、小學幫助安置這些孩子。

二〇〇〇年，在三人競逐下，民進黨總統候選人陳水扁當選總統，開啟台灣政黨輪替的第一章。

也在此時，全球經濟歷經一九八〇年代以來最低迷的時刻，台灣經濟不再成長，甚至二〇〇〇年經濟成長率是負的，失業率創新高，人們擔心生存問題。南投尤其天災頻仍，人心望治。連續五年，經過賀伯颱風、九二一大地震、桃芝颱風，連年重創後的南投縣，經濟蕭條、民心徬徨。

二〇〇一年，吳敦義決定轉移戰場，回到南投競選立委。同樣的平頭，十二年前離開時還是黑的，如今已然黑白交錯，不變的是他對地方的愛。「每天都有農民送來田裡的產物，給我們加菜。」他的前任機要林金田回想起來，如今仍歷歷在目。

支持他的選民，幾乎是簞食壺漿以迎王師，他的助選舊班底又齊聚了起來。不久後，南投就掀起「回想從前，歡迎老縣長」的旋風，民調居冠，支持度遙遙領先其他十位立委候選人。

照說，曾經拿到九六．一三%得票率的老縣長，搶得南投縣三席立委之一應該是沒問題，甚至可以躺著選。「縱使他知道可以躺著選，他也不會，照樣拚命。」前《新新聞》主筆陳哲明說。

選舉時，太太蔡令怡尤其辛苦，她組織婦女後援會，幫吳敦義服務選區，練就一身開車技術，有時晚上十一點多還在山上，在一片漆黑中，只能一路往山下開，憑感覺找到回家的路。

吳敦義分別在二〇〇一、二〇〇四及二〇〇八年的立法委員選舉中，贏得最高票，帶著地方首長的豐富經驗進軍中央，累積中央、國際視野。他關心的範圍雖然都從民眾出發，但是擴及到全國，質詢每個議題，從來不是為私，而是牽涉到後面的決策缺失、過程粗糙、甚至貪贓枉法。而且背後一定有詳細的資料、確切證據舉證。例如他每每質詢高捷，就是因為他在高雄主政期間，了解裡面有太多政商關係，他與謝長廷，兩位前後任高雄市長，在立法院的唇槍舌劍、你來我往，可說是經典質詢。

民進黨執政下的國民黨「孤鳥」

八年民進黨執政期間，立法院的在野黨團幸虧有陳文茜和吳敦義這二人，撐住了有力局面。

其實，吳敦義的政治生涯很符合歐洲國家領導人發展模式：先是在地方選首長，嫻熟地方事務，建立群眾基礎，然後選國會議員，成為攻擊對方或防衛己黨的大將。

在英國議會中，每星期三下午兩方對坐，雄辯滔滔，一攻一防，英國廣播公司（ＢＢＣ）都會做電視實況轉播，讓全民評斷誰對執政黨或反對黨有功，三百年來英國民主傳統為世界標竿。

接著，主要大將競選黨的領導人，再民選成為首相，掌一國之舵，循序漸進，不會莽撞，也沒有倖起。這是個戰鬥場域，每天都要卯盡生命力去打。只會造成一時風潮的人，選不上領導人，終究會被時代淘汰。

台灣直轄市市長的位階等同於中央級部會首長，指揮麾下數萬員工，大部分決策，都是吳敦義說了算，但進入立法院後，卻只有二百五十八（當時立委人數）分之一的決策權。

做了立委，吳敦義低調，沒有爭取任何黨團職位，也沒有競選委員會召集委員，似乎打定做個陽春委員，獨來獨往。曾為國民黨及親民黨立法委員張顯耀說：「他做過直轄市市長，眼界、修為都和一般立法委員不同，做任何黨職都必須協調、搓圓子、協商，他來做，有點太委屈了，他的高度已經是治理全國的，這種集體議事對他來說不合適。」

「孤鳥」的外號也是從立法院開始。但是吳敦義對這個稱號，毫不在意，有次和新聞記者聊天時，他說：「大鵬鳥也是孤鳥，又怎麼樣？」莊子寓言裡的「北冥有魚」，那條「魚」就是隻大鵬鳥。

莊子在二千三百多年前，就已知道人類總會面臨此種情況，他的〈逍遙遊〉，一開始即說：「北冥有魚，其名為鯤。鯤之大，不知其幾千里也。化而為鳥，其名為鵬」。講的是北方大海裡有一條大魚，身長幾千里（想像詞句，台灣全島縱長三百九十五公里，這魚身長起碼是台灣的十倍長度），叫做「鯤」，鯤一發神功飛起來，變成「鵬」，飛的時候激起三千里的波濤，狂風盤旋，天地震動。縱使如此，它飛了六個月才到南冥。莊子意在，每人都有其胸襟、格局，不要妄議指點他人。以大鵬鳥自豪，吳敦義言談中總掩飾不了強烈自信心。

「揭弊小組」監督官商勾結

但根據和吳敦義同時任職的一位立委指出，在立法院裡，吳敦義並不是孤鳥，有三十幾位委員，如陳文茜、孫大千、李永萍等成立了揭弊小組，吳敦義與他們合作得很愉快，專門找當時的大案子，如高鐵、銀行、金控等涉及政商勾結的弊案來辦。有人做研究後，彼此共享資料，然後上台質詢，吳敦義的質詢總是最尖銳，也最能一語中的，這需要天分，也需要努力。

吳敦義當時批評台灣高鐵搞五鬼搬運與利益輸送，在制度上破壞了公平性，以致縱使有偷工減料也將無法有效監督。

吳敦義指出，政府對台灣高鐵負有監督的責任，但是有銀行撥貸給高鐵，高鐵又將這筆錢當中的數百億，透過工程發包轉交給該銀行董事長自己所開的營造公司，去賺高鐵的錢，交通部或高鐵局難道不認為這在制度上有極大而危險的漏洞嗎？

一位與他共事的立委說，那個揭弊小組裡面絕大部分是第一次當選立委，本來與財團都無淵源，能夠大打財團是應該的，但吳敦義為政壇老將，難免會有人情牽累，但他不理睬財團的壓力，是很難得的。

名作家王浩一曾經寫過一本書《英雄守弱：易經與心理情境》，書中認為人的一生，有時處於強勢，有時處於弱勢，長短不一，重點是「強弱之間如何轉換」，易經裡充滿解卦古人的「守弱哲學」，包括耐心伏潛，等待緣分，逐步踏實，維持腰桿的柔軟度，對理想堅持到底，也摻雜再起策略。

人生低谷處處，難免有鬱悶與脆弱，當走過一番淒風冷雨後，驀然回首，想必吳敦義也領悟「也無風雨，也無晴」了。

以大局為重

二〇〇一年，吳敦義初次競選南投縣區域立委，以七萬五千零四十二票最高票當選，最後一名當選的陳志彬才得二萬九千零七票，兩人相差近四萬六千票，亦即吳敦義的得票足可當選兩名立委還有餘。

二〇〇四年立委選舉，南投應選四席，共計十一位競爭者，為使國親立委都能同時連任，吳敦義在公開記者會中表示，要中興新村四個里及黃復興黨員把票投給陳志彬，也就是這樣公開讓票，讓陳志彬以一千多票之差，保住席位。即便如此，吳敦義仍獲五萬九千四百七十九票，獨占鰲頭，而第二名當選的湯火聖，才得三萬三千零七十四票，一、二名差距達二萬六千票，十分懸殊。

二〇〇八年立委選舉，吳敦義已是國民黨副主席兼祕書長，負責總綰國民黨總統及全國立委選舉的輔選大任，他列為全國不分區立委乃理所當然，如此才能全國跑透透，觀照全局；但吳敦義依然親征南投，競選區域立委，並且以六萬四千二百九十五票南投最高票順利當選。

二〇〇八年第七屆立委選舉開始，立法委員名額遽減三分之一，烽火狼煙，選戰激烈。南投從一個大選區分為兩個選區，南投選區分別為濁水線（南投市、名間、集集等），烏溪線（草屯、埔里、國姓等），吳敦義戶籍在烏溪線，他們怕與吳敦義選，早早就把戶籍遷到濁水線，民進黨三位立委在濁水線初選廝殺一番，湯火聖初選當選，林耘生才到烏溪線與吳敦義競選。

當時很多人主張吳敦義應列不分區（大家都想爭取不分區，因為不用如此費力），但是吳敦義為何堅持要選區域立委呢？原來吳敦義衡量情勢，他如不參選區域立委，兩名立委名額將拱手送給民進黨，他同時肩負總統及全國立委的輔選重責，只請了兩個星期假，回到南投展開各項競選活動，其他全靠蔡令怡及競選團隊料理一切。

而在他謀畫、布局之下，民進黨的林耘生與湯火聖在南投兩個選區遭致「雙殺」。吳敦義在第一選區，以大贏對手近一倍的票數勝出，第二選區國民黨提名的林明溱，也以六萬二千餘票擊敗民進黨的對手。

二〇一六年國民黨總統、立委選舉，都受到重挫，但南投縣守住一片藍天，時任副總統的吳敦義的故鄉保衛戰成功，吳敦義更猶如民進黨的魔咒，綠軍在南投縣突圍無功，從二〇〇八年來各項選舉十二連敗，無勝績。他和蔡令怡聯袂成為國民黨的催票機，二席立委馬文君、許淑華以及縣長林明溱，都在他的加持之下，順利過關。二〇一八、二〇二〇年縣市長及立委選舉當然更獲全勝。

▼Inside Story

那夜，他挽救台酒免落財團手中

二〇〇八年十二月底深夜十二點多，台灣菸酒公司南投酒廠工會常務理事許溢坊和工會幹部許天祥，在嚴寒天氣凍得打哆嗦，兩人來到草屯鎮博愛路吳敦義服務處，「他只給我們二十分鐘，超級複雜的問題，說不完的衝突，要在二十分鐘講清楚，實在難。」

但他們為了同仁的工作權和國家利益，基於公義不得不講，吳敦義也必須聽。台灣菸酒公司的前身是台灣菸酒公賣局，從成立以來就是國家的金雞母，每年上繳國庫平均八十億元，是國家重要收入來源，例如二〇一九年營收七百一十四億元，稅後盈餘達七十四億元，每股稅後盈餘一．七一元。

更重要的是，各地的製酒廠、製菸廠，都有龐大土地，菸酒公司要民營化，財團競相搶標，看準的是地，而不是產品。那是幾千億，甚至上兆的資產。

員工擔心如果菸酒公司民營化，落入財團之手，不但是國家的損失，員工也會深受其害，因此，許溢坊及許天祥等才向老縣長求助。

其實，民營化本無罪，但是到了一九八〇年代後，卻成為醫治國營事業的「萬靈丹」，國營事業代表守舊、效率低，當東歐民主化及蘇聯解體後，幾乎全世界所有的公營事業都轉成民營，台灣也在那時搭上國營事業民營化列車，在一九九〇年代有中華工程、唐榮鋼鐵，二〇〇〇年後，民進黨執政後也積極動作。

但是只有財團才能出得起價錢接手，或者財團彼此串連，再加上勾結政客，入主之後掌握所有權，大量裁撤員工，壟斷市場，很多國營事業，其實並未改善效率，財團得利的是公民營轉換時的巨額股票交易，可以偷天換日，或者國營事業附帶的土地，轉手之間可獲利千億。

曾經在全球主導國營事業自由化的經濟學泰斗，也是諾貝爾經濟學獎得主傅利曼（Milton Friedman），在新世紀之初，即二〇〇一年，表達了他的「懊悔」。

傅利曼提到，十年之前，他曾對那些正從社會主義制度轉型的國家，只有三點建議：「民營化，民營化，民營化」；「但是我錯了，後來的發展顯示，法治比民營化更重要，沒有法治，民營化造成的投機、壟斷，更為可怕。」傅利曼如此說。

就是那時期，我國不管國民黨、民進黨都還奉民營化為圭臬。二○○八年國民黨重新執政，欲繼續執行民營化政策，對菸酒公司員工來說不是好消息，那年底行政院已經通過菸酒公司民營化案，將交付立法院審議，當時國民黨占多數，民進黨也贊同，如果送進立院必然通過，而且釋股條件低，等於賤賣台灣菸酒公司。

那個冬夜，吳敦義聽到台酒工會幹部的陳情，身為國民黨祕書長及立法委員，心中感覺慚愧，顯然國民黨剛恢復執政，黨政平台運作還不夠順利，要是以前，這等大事，一定要在中常會討論才行。

縱使當時民營化仍在國際、國內夯極，吳敦義想到台酒的員工及其眷屬數萬人，上千億資產極可能落入財團手中，他不能休息，第二天就趕到台北立法院找到院長王金平，協商是否能阻止，並且在幾天後開記者會，指責行政部門考慮不周。對此他說了重話：「如果我讓這個法案通過，我吳敦義三個字倒著寫，變成『義敦吳』。」這是他有生以來所發的最重的誓。

立法院後來取消審理此案，鑑於台灣菸酒公司對我國稅收太重要，財政部並宣示，台灣菸酒公司如要民營化，必須先取得工會同意。因為吳敦義出面，阻止了國家資產落入財團之手，也保障了菸酒公司員工的就業權。

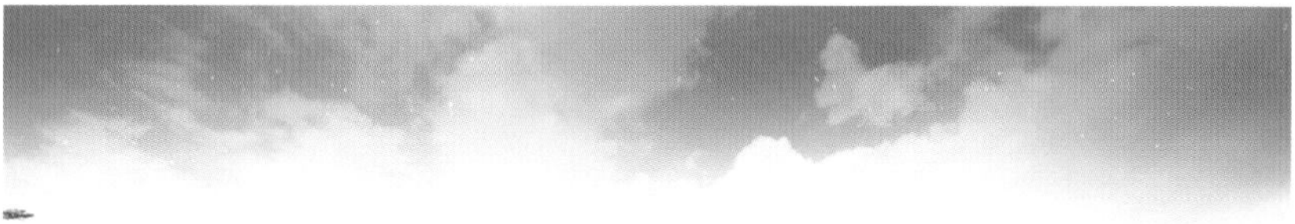

經過吳敦義的奔走，台灣菸酒公司終於免於民營化，保障了員工就業權和國家稅收。

2005年，吳敦義在立法院質詢。／孫仲達攝　中央社提供

Chapter

8

那些年，那些人，那些事

——輔佐勝選的King makers們

二〇〇八年，國親兩黨談了八年的合作，終於修成正果，共推總統及立法委員候選人，並大獲全勝，其中吳敦義和親民黨的張顯耀扮演重要角色。

今天的藍營領導人應該認識到，唯有去除彼此嫌隙，通力合作，才能對抗選舉多奧步的民進黨，重新執政。

二○○○年大選失敗之後，國親兩黨開始商討合作，經過曲折的協商過程，終於達成「馬七點」協議。

二〇〇七年四月十九日晚上十一點多，夜深人靜，親民黨立法委員張顯耀站在長榮桂冠酒店大廳，焦急地等候國民黨祕書長吳敦義，他是銜宋楚瑜之命與吳敦義見面。

吳敦義也是剛接到馬英九的電話，要他趕去長榮桂冠酒店和張顯耀會合。

當時國、親兩黨合作，已然觸礁，瀕臨破局，立法院次日要討論「排馬條款」，就是一審被判刑者不能參選總統。當時，馬英九因特別費案被起訴，一審結果如何尚未可知，此條款，明顯是針對馬英九而來的。

國民黨二〇〇八年勝選背景

二〇〇八年總統及立委選舉國民黨大勝，全國共有一百一十三席立委，國民黨贏得八十一席，三月二十二日，馬英九先生當選中華民國第十二任總統，得票數為七百六十五萬多張，領先民進黨謝長廷的五百四十四多萬票，達二百二十一多萬之多，得票率五八．四五%，創下當時台灣選舉的歷史新高，國民黨在立法委員選舉也獲得壓倒性勝利。國民黨戰果輝煌，可歸納三項因素：

一、大勢使然。陳水扁在二〇〇〇年選舉時以「台灣之子」名義，在三組人馬競選中，以相對多數當選，雖然得票沒過半數，但是多數國人還是樂見台灣政黨輪替，願意給阿扁一個機會。

陳水扁上任那年，由於國內外經濟情勢都低迷，台灣經濟成長尤其受創，二〇〇一年的成長率竟為負二％，是五十年來的最低點；台幣兌美元從二十七元貶值為三十一元，是匯率自由化以來最大的跌幅，企業紛紛減薪（我也是受害者之一，減薪幅度達三三％，印象深刻），之後經濟持續低迷，又與大陸關係不佳，青年就業困難，大多數人從那時開始，對台灣經濟失去信心，卻還有「肚子扁扁，也要投阿扁」的說法。到第二任開始，阿扁因為金控合併等，有了上下其手的機會，與太太吳淑珍貪贓枉法、違法亂紀。人民忍無可忍，施明德組織「紅衫軍」百萬人走上街頭，要阿扁立即下台。

二、馬英九的清廉自持形象，在一九九〇年代掀起旋風。馬英九在李登輝任期內擔任法務部長，因為堅持查賄選不成而辭職，在當時官員中少見，增加了悲劇性，更增加了馬迷對馬英九的愛憐。馬英九也著實有個人魅力，不論戴著墨鏡、身著短褲、慢跑、長跑、游泳，風采在東方男子中少見，在政治界更稀有，所到之處「小馬哥」熱情呼喚不斷。

三、國民黨、親民黨談了八年的合作，終於修成正果。二〇〇四年，國親共推候選人，宋楚瑜無條件擔任副手與連戰搭配競選；一直到二〇〇八年，國親整合成功，宋楚瑜同意支持國民黨的正副總統候選人及立委候選人。其中，吳敦義與親民黨的張顯耀扮演重要角色。

二〇〇一年後的國親整合

其實，政黨合作、聯盟、合併在國外司空見慣，為了議事效率，也為了壯大己身影響力，例如英國的「保守黨」，可稱得上歐洲歷史最悠久的政黨，英國歷史上，張伯倫、邱吉爾、麥克米倫和柴契爾夫人等政治家均出自該黨。二〇一〇年的大選，「保守黨」只贏得三百零六個議會席位，不足以組閣，黨魁卡梅倫為

為了國家大局著想，吳敦義運籌帷幄不遺餘力。左為張顯耀。

維持「保守黨」長期穩定執政，從而與「自由民主黨」聯合組閣。

至於政黨的合併、聯盟，通常都會受到現存利益影響，因此爭論甚多，會有人被犧牲，有人得利，端看黨內高層是否有說服力及協調能力，最怕就是不惜玉碎，大家拚個你死我活。

二〇〇〇年大選失敗之後，國民黨、親民黨也開始商討合作事宜。那年立法委員選舉，民進黨獲得八十七席，較上屆選舉增加十七席，成為立法院第一大黨；國民黨則從一百二十三席銳減為六十八席，由第一大黨降為第二大黨。新成立的親民黨在宋楚瑜運籌帷幄下，立委候選人均驍勇善戰，贏得四十六席，取代新黨成為當年的第三大黨，僅次於民進黨和國民黨，另一新成立的台灣團結聯盟，則獲得十三席，為第四大黨；而原本居於「關鍵少數」地位的新黨，則僅獲得一席。

國民黨第一次失去立法院的多數，情勢極端險峻，前三大黨都沒有過半，有如歐洲議會，小黨林立，要有所作為，必須合縱連橫。

當時國民黨內一片低氣壓，主席連戰連輸兩場總統大選，有意辭職，民進黨和李登輝意圖裂解國民黨，積極拉攏國民黨內的本土派。民進黨那時身為執政黨，資源豐富，有一萬多個新職位可以任命，部長、次長、金融機構，財團法人，應有盡有。

另外，很多國民黨內力圖一拚的民選代表，也想跳槽到親民黨追隨宋楚瑜，但親民黨雖在立院取得不少席次，卻也無法獨立成事，於是張顯耀跳出來，希望整合國、親。在巴黎國立大學獲得政治學博士的他，見證許多歐洲國家政黨的分分合合，一有機會見到宋楚瑜和連戰就會提「國親合作」，雖然他比連宋小一、兩輩，而且只是親民黨政策中心主任，「但是我覺得該講的，我就要講。我常跟宋主席講，唇亡齒寒，一旦國民黨垮，親民黨也會垮。」

張顯耀是忠實的孫中山及蔣經國信徒，警官學校畢業，曾為國民黨忠誠幹部。當時李登輝令他失望，因此轉去親民黨，多年來，他最熱心推動兩黨合作。

二〇一四年八月，原任陸委會特任副主委的張顯耀忽遭調查單位出手調查，陸委會主委王郁琦堅稱他牽涉「匪諜案」，建議停職，請檢調單位進行調查，後來檢察單位以不起訴偵結，還了張顯耀清白。

其後，吳敦義曾在公開場合稱讚張顯耀的忠誠，他說，如果張顯耀不忠誠，就沒有人可擔上「忠誠」兩字。吳敦義善於政治語言，但是如這種讚詞，他是不輕易出口的。

宋楚瑜出任連戰副手的過程

宋楚瑜和連戰俱為明理之人，而且也都學政治，情勢不容兩人拖延，因此之後幾年，連戰派出徐立德，親民黨有時是祕書長秦金生，有時是張顯耀出面洽談合作事宜，新黨也積極加入，新黨在一九九八年選立委時氣勢如虹，選上十一席，但二〇〇一年減至一席，也亟需尋找出路，但是後來新黨領導階層若干動作，讓國民黨和親民黨都非常灰心，決定兩黨自行成立聯盟。

二〇〇三年二月四日，連戰與宋楚瑜在遠東飯店聯袂公開會面，簽下國民黨與親民黨推動的「國親政黨聯盟」備忘錄，是泛藍民眾的最大安慰，更是一九九〇年代以來，泛藍氣勢的最高峰，選民寄望甚深。

此後，「政黨聯盟平台」開始運作，通常一兩個星期開一次會，下設國會、選務、政策、文宣、兩岸、財經、祕書等工作小組，開會時，連戰和宋楚瑜做共同主席，連戰先致辭，宋楚瑜主持討論，然後連戰做結論，交付可做事項。

工作小組是由國民黨代表任主委，親民黨代表任副主委，運作順利，這都必須兩黨有默契及互信。既是兩黨合作，就必須共同推舉總統候選人，誰正誰副，又是個大問題。國民黨堅持自己是大黨，理應由連戰任總統候選人，而且連戰輩份和官階也大。但親民黨卻認為宋楚瑜在二〇〇〇年得票較連戰多，因此主張應該宋主席當正，雙方堅持不下許久。這時，有些媒體不耐兩方相爭，開始放話乾脆讓當時國民黨巨星馬英九出來選。

誰正誰副的關鍵，在宋楚瑜是否願意接受做副手，有人建議以後副總統兼行政院長，因為以前連戰就有過此例，但終究還是與體制不合，最後宋楚瑜為了顧全國親整合大局，願意無條件出任副手。

在達成協議前，宋楚瑜手諭張顯耀，去看時任台北市長的馬英九，知會此項決定。馬英九非常高興宋楚瑜願意讓步，也對張顯耀表示，他以前當經國先生祕書時，經國先生為了讓當時李登輝副總統有更多歷練，囑咐他研究一下副總統職位還有什麼可發揮的空間。馬英九在見張顯耀時建議，將來連宋當選後，是否安排宋主席做類似國會與總統間的總協調人。

在連宋兩人正式宣布競選後，民調就一路領先，但到二〇〇三年九月，與陳水扁的差距逐漸接近，近乎死亡交叉，後來藍營展開競選活動後，差距才又拉開。

但國親兩黨的幹部，此時卻傳出開始分配位置的風聲，例如內政組國民黨的召集人，未來就是內政部長，親民黨的副召集人就是內政部次長；教育組的國民黨召集人當教育部長，親民黨的副召集人當教育部次長等等；大家反而對輔選沒那麼積極了，到了二〇〇四年初，連宋的民調只贏扁蓮五個百分點。

民進黨挑撥省籍情結

二〇〇四年選前黃金週末，三月十三日泛藍號召選民集結凱達格蘭大道，估計有五十萬人參加，群眾激昂萬分，素具眾望的前行政院長孫運璿也來到現場，中風多年的他以輪椅代步，透過旁人的攙扶站起來表示，他對台灣的愛不變，願意用一生為台灣努力。連戰宣誓只做一任，宋楚瑜強調，要向中共對台灣的打壓「Say No」，台灣人民不要「一國兩制」，也要向黑金、無能的政府「Say No」。

後來連戰和宋楚瑜夫婦從台上走下來，俯身一起親吻台灣大地，活動達到最高潮，這天全台各地約有二百五十萬人同步參與。原本在遊行前，吳淑珍預測「遊行最多是小貓兩三隻」，結果催出了很多泛藍民眾與中間選民，泛藍民眾喜見國親合，也憂慮停建核四加上國際經濟泡沫化，讓擔憂自己子女前途的父母走上街頭，而最大英雄莫過是「貓」。

吳敦義在一個電視談話中曾幽默地指出：「吳淑珍的小貓兩三隻說，刺激了泛藍民眾大集結。」

二〇〇〇年起，國內政論節目開始興起，吳敦義經常是「火線雙嬌（尹乃菁、鄭麗文）」以及「文茜小妹大」的來賓，和三位主持人合作愉快，很受觀眾歡迎。

由於民進黨操作「宋楚瑜個性霸道，哪能忍受做副手，將來一定奪連戰的權。」很多人因而認為宋楚瑜當選後，一定要求兼任行政院長，但是吳敦義引大法官在一九九七年連戰副總統兼行政院長的釋憲，表示不可能有這樣情事，他的解釋澄清，化解不少中間選民的疑慮，也鞏固不少選票。

民進黨操作選舉多樣化，從組黨開始即是如此，幾十年如一日，挑撥省籍情結為首項，其次是誣指國民黨是外來政權，專門欺負台灣人；只有民進黨守護台灣，愛台灣是民進黨的專利，批評民進黨就是不愛台灣。近年來則是操弄去中國化，鼓吹所謂的「今日香港，明日台灣」，只有「辣台妹」蔡英文才能抵抗中國威脅，又大養網軍洗腦年輕人認同去中國化。

兩顆子彈影響二〇〇四年總統大選

二〇〇四年總統大選，投票前一天發生的「兩顆子彈事件」（即三一九槍擊案），逆轉了選舉結果，民進黨利用此事件大肆操作，猛打悲情牌，南部地下電台散播這是「連宋和中共勾結，刺殺台灣人總統」，選情因而出現重大變化。

當天晚上，泛藍本來規畫舉行選前造勢大會，槍擊案發生後，國親高層都聚集在八德路的競選總部商討對策，由於情況不明，不知阿扁傷勢到底如何，國家領導人遇槍擊是如此嚴重大事，藍和橘營領導人決定停止選舉造勢大會，至於是否申請停止選舉則無定論。這時泛藍兩方也各做民意調查，兩方都是在大約會贏三%左右，選舉太辛苦，大家暗地不說，真不希望停止選舉。

未料選舉揭曉，連宋以不到三萬票落敗。開票當天晚上，很多黨工都已回家了，連戰和宋楚瑜抗議選舉結果，發表聲明後，帶領支持者及工作人員，從八德路徒步走到總統府前面。很多民眾在家裡看電視後激憤不平，跑到外面看到抗議隊伍，就一起跟著走，當天晚上就聚集了五千人，大家訴求兩大重點：一、重新驗票。二、公布真相：到底是誰刺殺總統？與民進黨是否有關聯，對選情影響如何？畢竟才差兩萬多票，在一千五百多萬選舉人票中，未免也太少了。

那幾個月，藍營積極進行各種示威活動，一群大學生在中正紀念堂絕食、禁水超過一百七十小時，訴求公布槍擊案真相，猶如十四年前的野百合運動再現。晚上，在中正紀念堂一角，一位八十餘歲的老先生，自三月二十一日起，每天花三個鐘頭，做一百個手工饅頭，從三重坐公車提到總統府及中正紀念堂廣場，分給靜坐抗議的群眾吃。在人群中，他默默地坐著，到十一點半，再搭最後一班公車回家，有天晚上，這位老先生坐錯車，走了三個鐘頭才回到家。

甚至有一次示威活動中，黨外運動先鋒林正杰慷慨激昂跟主辦單位說：「給我兩千人，我帶頭衝入總統府，把阿扁活捉起來。」

不過，到了最後，驗票結束，連宋仍然輸二萬八千票，最高法院判決阿扁當選確定。

輸了總統大選，但國親在立法院仍有優勢，無奈兩黨時生齟齬，最大事件來自二〇〇六年北高兩市市長選舉；本來雙方協議，北市親民黨禮讓，支持郝龍斌競選，高雄市長親民黨推薦張博雅，但後來國民黨堅持推出已選一屆的黃俊英，宋楚瑜非常生氣，認為國民黨破壞承諾，他自己也出馬參選台北市長，但只得五萬多票，曾經聲稱要退出政壇。「他（指宋）每次都覺得國民黨負了他。」一位親民黨高層人士指出。

張顯耀指出，在此之前，連戰曾邀宋楚瑜回國民黨，先任國民黨第一副主席兼祕書長，半年後主席改選，但是親民黨高階都反對，質問為何每次都是親民黨吃虧？為何宋還要先做第一副主席？宋主席一九八九年就當了國民黨祕書長，現在還要再做祕書長，不是白走了十七年？

我們來表決吧

二〇〇五年，馬英九當選國民黨主席，二〇〇七年一月聘任吳敦義當祕書長。他和馬英九雖然過去未曾直接共事過，但是在國民黨中常會和行政院院會頻有接觸。

二〇〇六年八月，有民進黨立委按鈴申告馬英九濫用台北市長特別費，由檢察官侯寬仁負責偵辦，二月十三日全案偵查終結，台北地檢署依《貪汙治罪條例》將馬英九起訴。馬英九於當日傍晚召開記者會，表示尊重司法，並宣布辭去國民黨主席的職務，但他自認清白，並指因「貪汙」而被起訴是一生中最大的恥辱，為捍衛清白，宣布參選二〇〇八年的中華民國總統。

當天下午，吳敦義曾到馬英九在木柵興隆路寓所，勸說當時已現出些許灰心的馬英九，表示國民黨要靠他、中華民國要靠他、兩岸關係要靠他出來，才有轉機。

國民黨當晚也召開臨時中常會，慰留馬英九，而且決定修改黨章幫馬英九解套。馬英九擔任黨主席不久，為了修正李登輝被批評的黑金政路線，祭出特別辦法，規定黨員如果一旦被起訴，黨不得提名為總統及各級民意代表候選人，就是所謂的「加嚴排黑條款」，那是等同「行政命令」，與現行法令與黨章都不符。

馬英九宣布參選那天，吳敦義來回奔走，務必臨時中常會有足夠人數參加，當天晚上中常會由第一副主席吳伯雄主持，馬英九沒有出席，但立意要辭黨主席，中常會予以慰留，接著討論是否修改馬英九立下的「加嚴排黑條款」。

根據事後媒體報導，中常會裡波濤洶湧，討論了三個多小時，中常委胡志強、侯彩鳳都表達反對，他們說這樣有如為馬英九量身打造，會陷馬英九於不義。「擁馬派」為展現實力，請了多位黨代表聯署修正排馬條款。看著正反爭論平分秋色，天晚冬涼，吳敦義就向吳伯雄表示，目前支持者約占八、九成，「要不要就讓大家表決？」

國民黨中常會為了維繫表面和諧，通常都不採取表決，以免撕裂各方，但是似乎箭在弦上，吳敦義回憶說：「我和伯公講話時的聲音必須不大不小，要讓反對的中常委聽得到，但也不能太大聲，有如當眾宣布。」胡志強聽到了之後，就表示不要表決，最後還是大家以鼓掌通過，畢竟馬英九是國民黨當時的希望。

吳敦義事後表示，國法規定三審定讞始得限制參選，民進黨也已放寬限制，比照國家法律規定；而國民黨黨章不但嚴謹，還以更高標準要求一審有罪就不能提名，已是非常嚴格，沒有理由規定一經起訴就不得提名；尤其「加嚴排黑條款」已牴觸黨章，所以才通過回歸黨章規定。

在長榮酒店三一五號房

國民黨內排除了馬英九參選之路的障礙，但是外面的挑戰正開始。立法院裡泛綠黨團在立院提出所謂的「排馬條款」，主張「一旦被起訴的人，就不能競選總統」，後來又加上「出生地不在台灣的，也不能選總統」，明顯是防止馬英九參選的條款。

四月十九日晚上十一時許，吳敦義接到馬英九電話，要他趕去長榮桂冠酒店。在這之前，他也頻頻跟親民黨高層會商，但無肯定結論，與張顯耀見面可能是最後機會。吳敦義趕到時，已經十一點半，兩人談了沒多久，酒店大廳就得關閉，由於隔天立法院可能通過「排馬條款」，箭在弦上，張顯耀認為必須談出個結果，何況宋楚瑜已指示他可以做決定，就建議吳敦義上樓到房間繼續討論。

「我永遠記得那是三一五號房，但在電梯裡想到兩個大男人這樣『開房間』，傳出去實在不好聽，於是打給我們的共同朋友李復甸律師（後來任監察委員）及楊建綱董事長，請他們過來，這樣就有人可以證明我們在談正經事。」

吳敦義與張顯耀都為自家黨員爭取最大利益，講沒多久，就開始吵架，因為立委選舉從那一屆起與總統大選綁在一起，而且減少一半名額，每個選區都是兵家必爭之地，討論完一些選區後，輪到討論高雄左營、楠梓區時，吳敦義表示國民黨要提名黃昭順，希望張顯耀做不分區立委，張顯耀覺得很委屈，因為他自己經營左、楠已久，當然想競選區域立委，沒理由拱手讓人，於是他就大聲向吳敦義挑釁：「黃昭順到底跟你有什麼關係，你這麼護著她？」

向來與女性楚河漢界的吳敦義，一聽氣憤至極，站起身就要走，經楊建綱與李復甸再三力勸，張顯耀也承認自己失言道歉，吳敦義才再度坐下。

一陣激烈爭執後，雙方確立了立委提名原則：

一、國民黨已有現任立委而親民黨沒有的選區，就提國民黨；

二、如果有親民黨立委無國民黨的，則提親民黨；

三、如果兩者都有，就以民調或協調方式產生候選人；

四、特殊複雜選區則由國親專案協調。

兩人吵吵停停，經過一整晚，最後達成七點協議，就是著名的「馬七點」（以馬英九為名，以說服國民黨黨內立委候選人）。鐘鳴漏盡，熹微晨光已現，張顯耀把七點協議寫下來，吳敦義在上面簽字，註明四月二十日五點十五分，滿意而去，「他笑得合不攏嘴，離開了。」張顯耀說，對國民黨來說，是個大勝利。

一離開三一五房，吳敦義趕忙打電話給吳伯雄及馬英九，告知喜訊，但是張顯耀面臨的，卻幾乎是「不可能的任務（Mission Impossible）」。

張顯耀沒有時間休息，趕去向宋楚瑜報告，聽到這七項協議，還附加「二〇〇八年當屆立委任期結束，兩黨正式協商合併」，宋楚瑜氣得跟張顯耀說：「你自己去和黨團說。」張顯耀則辯駁說：「你既然已經全權授權我，我就和吳敦義談得徹底」，指的是兩黨充分合作。

張顯耀接著到立法院，向親民黨黨團說明與國民黨的協議，親民黨立委群情激憤，經過張顯耀及一些較偏國親合的委員逐漸表態支持，仍無法

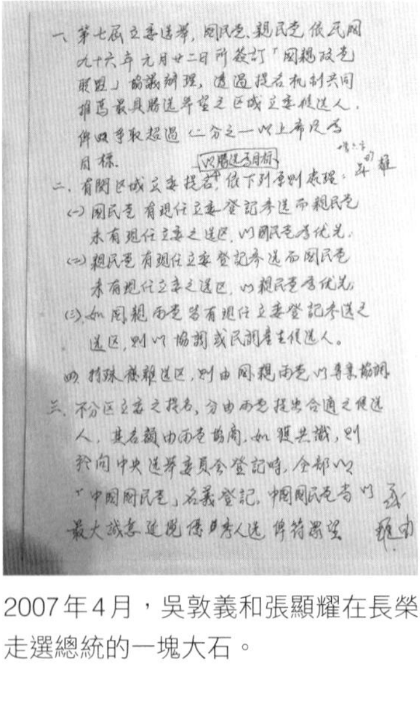
一、第七屆立委選舉，國民黨、親民黨依民國九十六年元月廿二日所簽訂「國親政黨聯盟」協議辦理，透過提名機制共同推薦最具勝選希望之區域立委候選人，俾以爭取超過二分之一以上席次為目標。
二、有關區域立委提名（以勝選為目標），依下列原則處理：
(一)國民黨有現任立委登記參選而親民黨未有現任立委之選區，以國民黨為優先；
(二)親民黨有現任立委登記參選而國民黨未有現任立委之選區，以親民黨為優先；
(三)如國親兩黨皆有現任立委登記參選之選區，則以協調或民調產生候選人。
(四)特殊複雜選區，則由國親兩黨以專案協調。
三、不分區立委之提名，分由兩黨提出合適之候選人，其名額由兩黨協商，如獲共識，則於向中央選舉委員會登記時，全部以「中國國民黨」名義登記，中國國民黨當以最大誠意延攬優秀人選，俾符眾望。

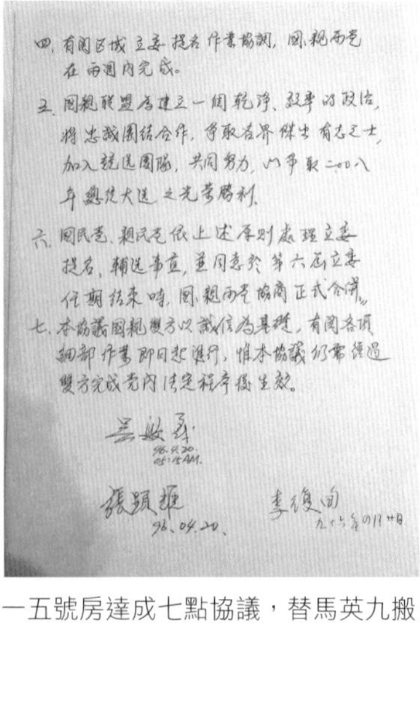
四、有關區域立委提名作業協調，國親兩黨在兩週內完成。
五、國親聯盟為建立一個乾淨、效率的政治，將忠誠團結合作，爭取各界傑出有志之士，加入競選團隊，共同努力，以爭取二〇〇八年總統大選之光榮勝利。
六、國民黨、親民黨依上述原則處理立委提名、輔選事宜，並同意於第六屆立委任期結束時，國親兩黨協商正式合併。
七、本協議國親雙方以誠信為基礎，有關各項細部作業即日起進行，惟本協議仍需經過雙方完成黨內法定程序後生效。

吳敦義 96.4.20. 05:15AM.

張顯耀 96.04.20.

李復甸 九十六年四月廿日

2007年4月，吳敦義和張顯耀在長榮三一五號房達成七點協議，替馬英九搬走選總統的一塊大石。

搞定，眼看立法院會表決時間已到，張顯耀打電話給王金平院長，希望晚一個小時再表決，王金平大度，再給他們一個半小時，然後帶著民進黨立委出去外面抽菸，「國民黨應感激王金平，在這個法案上他盡力拖延時間以利協調。」張顯耀說。

最後，親民黨少數委員由傅崐萁帶領，仍然堅持投贊成票，支持民進黨的排馬條款，國民黨、親民黨及民進黨、台聯都下達甲級動員令，不准跑票，最後這項議案以些微差距被擋下，也替馬英九搬走了競選總統的最大絆腳石。

「後來我們每年四月十九日，都會聚在一起回味那晚，可以說吳敦義是國民黨有史以來最幹練的祕書長。」張顯耀說：「以後協調國民黨立委，勸退、平衡，都靠他，馬總統的競選策略也是他負全責。」

每位總統的產生，後面必有King maker（造王者），馬英九當上總統，吳敦義即是最重要的King makers之一。

Chapter

9

布衣卿相

——以施政經驗創造價值

二〇〇九年九月，行政院長就職典禮後，吳敦義開始他的鐵人行程，傍晚火速飛到高雄與八八風災災民座談。他說：「災民儘管來，不必派代表，什麼都可以談。」他懂得災後的民心是浮動的，是焦慮的，更是憂鬱的，亟需得到解答。

二〇〇九年九月十日，內閣交接後，新上任的行政院長吳敦義與各部會首長在行政院中庭合影。／季志翔攝　中國時報提供

「草積不除，時覺眼前生意滿；庵門常掩，勿忘世上苦人多。」

一九三三年臘月，弘一法師抵福建晉江草庵度歲，在書庵門上寫了這幅對聯，意在教導僧人，雖然廟宇清淨安詳，但不能忘記廟外處處有苦人。延伸至現代，就是坐在冷氣室的黨政官要員，要注意外面受苦的人們。

庶民經濟與閣揆擔當

他具體實踐「庶民經濟」，在立法院為部屬擋子彈，更首度把台灣推到世界競爭力評比第六位。

吳敦義擔任閣揆，要從馬英九當選總統說起。二〇〇八年三月二十二日，當選第十二屆總統、副總統，得票率五八．四五%，領先對手民進黨的謝長廷及蘇貞昌二百二十一萬餘票，是當時中華民國歷史之最，立法委員國民黨也占國會三分之二，是全面執政。

馬英九勝選後，在一片歡呼聲中強調：「只要高興一晚就好，明天就要開始做事。」

當時所謂的做事，大家以為無非是兩岸解凍、三通，直航、擴展兩岸投資，民進黨鎖國八年，再加上李登輝後期的戒急用忍，台灣已經嚴重邊緣化，這十餘年卻是中國風雲際會、迅速崛起的時代。

馬英九的首任閣揆人選，各方猜測紛紛，四月上旬，馬英九邀請劉兆玄組閣，劉兆玄在四月十日證實將接閣揆，開始尋找閣員。

誰也沒料到這個第一個行政團隊，接下來的考驗亦是台灣歷來少見。

金融海嘯、八八風災來襲

二〇〇八年九月十四日，台灣剛好是中秋佳節。中秋前夕，竟碰到辛樂克強颱登陸，帶來豪雨成災。大甲溪溪水暴漲，洪水沖斷后里往豐原之間的后豐大橋，橋斷時剛好有三輛車經過掉落，有二位民眾罹難，四人失蹤，劉內閣的相關部會，緊急處理斷橋危機。

就在同一時間，遠在千里外的美國華爾街，一場百年金融海嘯正在點燃引信。九月十二日這一天，有一百五十八年歷史的華爾街第一大投資銀行——負債超過六千億美元的雷曼兄弟，正在倒數自己的命運。沒有銀行願意出手救援雷曼兄弟，大家都不敢相信，位於世貿雙子星大樓的雷曼兄弟，沒被九一一擊倒，卻被自己創造吹噓得如何完美的金融商品拖垮。「大到不能倒」的神話，就此破滅。九月十五日，雷曼兄弟宣布破產，美國政府最後沒給予紓困協助。金融大海嘯旋踵在一週後引爆，從美國本土吹向歐亞各地，海嘯席捲之地，股災災情慘重，哀鴻遍野。

我在二〇一四年寫過《迎戰風暴：劉兆玄內閣的關鍵四七八天》，確實，劉內閣這四七八天，天天都是關鍵。在關鍵時刻，劉內閣採取了關鍵決策：（一）銀行存款戶全額保障，（二）三挺政策：政府挺銀行、銀行挺企業、企業挺員工，也就是政府對銀行裡存款全保，避免擠兌；銀行對企業放款予以展期，安定企業資金周轉；企業盡量不裁員。

二〇〇九年，台灣經濟雪上加霜，訂單大量被取消，失業率達到新高，連當紅企業「鴻海」都向政府申請紓困。

而八八風災更把台灣連同二度政黨輪替的國民黨，推上危險高峰。那場天災，那場破歷史紀錄的雨量，那段人民惶惶惑惑的日子，那片淒風苦雨的天空，倒地的大樹，亂竄的土石，災民的憤怒、挫折，很久都還留在台灣人記憶中。

莫拉克颱風引發超級豪大雨，南台灣三天累積雨量，竟接近雨量年平均值的八〇％，在短短三天，就下了全年的雨量。阿里山三天內也下了近三千毫米的雨，創下當時台灣雨量之冠。

災情瞬間傳來，人員死亡，房屋沒頂，牲畜流失，稻穀泡水，而且全台都災情慘重，從桃園到屏東，從宜蘭到台東，台灣似乎遭到了詛咒，「水鄉澤國」已不足以形容。受災範圍涵蓋十一縣市，面積達半個台灣；全國九百一十六萬人，四〇％的總人口都成了受災戶。

二〇〇九年九月七日下午四時，馬英九的第一任行政院長劉兆玄請辭，此時電視螢光幕前，口沫橫飛的名嘴，還在痛罵「內閣改組、劉揆不辭」，但，電視跑馬燈已經打出幾個震撼台灣政壇的大字：「劉揆請辭獲准」，名嘴們還來不及撿拾跌破的鏡片，只能錯愕的承認，劉兆玄果然是號人物。

其實災後三天，劉兆玄已做出辭職決定。以後，就是做事，做事……他收起各樣複雜情緒，抿起嘴唇，指揮部屬，協調軍方，每天工作十六個小時。

大俠果然是大俠，劉兆玄請辭後就此隱遁江湖，再也沒有擔任官職。官場如人生，失去的，才突然回神發覺——原來他還不錯。但是，來不及了。

「他是個君子。」接任院長的吳敦義，二〇二〇年秋天的某個黃昏，在木柵貓空一家餐廳望著遠方群山說。

在劉兆玄宣布請辭一個半小時後，內定接任閣揆的國民黨副主席兼祕書長吳敦義，在國民黨中央黨部舉行記者會，當時黑髮居多的他是臨深履薄。馬英九四天裡三次晤見他，九月四日正式敲定，九月七日宣布，九月十日就完成內閣交接。短短兩天之內端出所有內閣名單，政壇有人打趣說：「吳敦義效率之高，一口氣攤開來，不讓外界亂猜瞎摸，速度之快，連政敵要寫黑函都來不及打開電腦。」

林中森記得，九月九日中午，他才接到吳敦義任命他為行政院祕書長的通知，要他在二十個小時之內，把隔天的就職典禮搞定。

吳敦義擔任高雄市長時，林中森從祕書長做到副市長，深知這位長官的時間是高度機動的，隨時要待命。

紀律、耐心和柔軟心

吳敦義堅持無縫接軌，是要在此刻建立台灣人民對這片土地、對政府的信心，把政治不安定的成本降到最低，這是振興經濟的最基本關鍵。重建信心是他任行政院長第一年的主軸。

這次改組是小幅度，最特殊的是將桃園縣長朱立倫調任行政院副院長，創下當年最年輕副閣揆記錄。「我們給他一個嫁妝，讓他增加曝光度，半年後競選新北市市長，」果然，吳敦義第一個行程就帶著他同行，原任研考會主委江宜樺調任內政部長。顯然國民黨正在培養新一批行政幹部。

九月十日早上，新院長就職典禮後，大家拍團體照，然後舉行臨時院會；下午他帶領新閣員在總統府宣誓，四點就出現在立法院。與院長王金平晤談後，到每個立法委員辦公室敲門拜會，二小時內不分黨派，就已經看了六十幾位立委。

晚間七點，他帶著副院長朱立倫及國防部長高華柱等首長，來到高雄陸軍官校。吳敦義親自與安置的一千四百五十二位災民座談，他說：「災民儘管來，不必派代表，什麼都可以談。」在高雄八年歷經無數次抗爭，他都能讓民眾冷靜下來。

三個多小時的座談，吳敦義傾聽、思考、回答、做決定，他懂得情況，也懂得人心，災後的民心是浮動的，是焦慮的，更是憂鬱的，亟需得到解答。如何居住？如何就業？忐忑此世紀災禍是否會捲土重來？想知道政府會如何保護他們？災民的各項意見，吳敦義都一一答覆安撫，最急迫的就業問題，吳敦義也說，會延長八八臨工專案，並改良工作內容，以考量及配合民眾專長，他還特別希望災民們給劉兆玄一個最響亮的掌聲。

晚上十一點，座談會結束，夜已深，他與所有行政團隊全部留宿陸軍官校，校方為他準備的房間，裡面是行軍床，本來校長陳良沛說要幫他換一張彈簧床，

2009年9月，八八風災後，剛接任行政院長的吳敦義在甲仙龍鳳寺與災民座談。

2009年9月，至高雄關心災情。

他說不必：「災民可以睡行軍床，為什麼我不可以？」

曾任裝甲旅旅長、國防大學教育長等職的陳良沛，一生勇武，治軍嚴格，但因吳院長「災民合理的要求，能辦的就盡量辦」的指示，他在照顧災民的十個月中，除了紀律之外，更多了耐心和柔軟心。

第一天的「鐵人行程」暫告一段落，吳敦義躺上行軍床，憶起四十年前服預官役時，曾在陸官當過三民主義教官一年，也想起將近四十年政治生涯的歷程，民選的居多，是人民給他的職位，他對行政團隊的期許，要與民同呼吸，把民眾的小事當成自己的大事。他自己就要身體力行……。

第二天清晨五點就起床，比陸官學生還早起，吳敦義七點到餐廳與災民共進早餐，吃得簡單，肉包、肉鬆、土司和蔬菜湯，還一邊與接受安置的民眾討論遷村問題。接著開始第二天的鐵人行程，先到甲仙龍鳳寺，與劫後餘生的小林村災民，討論永久屋興建事宜，居民對永久屋興建地點意見不一，一派人願意住進在杉林的慈濟大愛園區，因為就學、就業都容易，但是另一批人卻想另闢園區，住在五里埔附近，可以承繼平埔族文化，也適合務農，兩派僵持不下；吳敦義當場裁示，以最民主的方式進行表決，最後確定重建基地的兩處永久屋，以五十戶為單位，隨即動工進行興建。

當機立斷，不要拖延，這是他做南投縣長迄今的領導風格。

他也絕不讓政府占民間的便宜，決定為小林村有需要的住戶先蓋組合屋，災民暫居龍鳳寺一個月，雖然寺廟是宗教慈善機關，他不忘叮嚀公部門付水電費和租金，不能讓民間吃虧。

離開甲仙，吳院長接著到旗山八軍團召開會議，結束會議後再轉至屏東林邊鄉，他指示，要盡快修補林邊地區破損的堤防，防止可能再次發生水災。

政府要創造價值

十一日下午回到行政院，等著他的是無盡的政務。

打從二十五歲當選台北市議員，三十三歲起連任兩屆南投縣長、四十二歲開始擔任兩屆高雄市長，五十三歲在南投當選連任三屆立委，所有經驗在行政院長這個職位都用上了，經驗是最好的老師，一克的經驗抵得上一噸的理論。英國哲學家、數學家羅素也有句名言：「有經驗而無學問，勝於有學問而無經驗。」

但是光是經驗還不夠，要超越經驗，為人民及政府創造價值。

吳敦義視察災區重建，不只是上任後的旋風，九月十日就職後，整個九月，他就去了二十五個地方。

當年擔任「八八重建會」副執行長的陳振川統計，吳敦義在行政院長及副總統期間，一共到災區七十八次，高雄、屏東、台東、嘉義、南投、桃園等地都跑遍了。實際次數還不止此，因為有時他在災區附近視察，也會臨時起意前往災區看看，沒有通知重建會，輕車簡從，就和他在做南投縣長一樣，就和他三十三歲時一樣。他離開後，重建會同仁才獲知院長來過。

每次重建委員會開會，他一定親自到場主持。不是亮亮相，而是針對疑難雜症，當場做決定；當場決定不了的，回去研究也會很快有答案，可行或不可行，或者緩議。以研究領導聞名全球的管理學者華倫．班尼斯（Warren Bennis）就說：「做對決斷是領導人的根本要務，決斷做得好，其他重要的事情便不多。」

當場做對的決斷，就是為政府創造價值，贏得民心，而且可以使災區盡快復原，盡快建設。

重建不止恢復而已，更必須前瞻，如台東金峰鄉太麻里溪因河堤太低，加上河床太狹，每逢大雨時常潰堤淹水，遭遇八八風災更是慘不忍睹。重建要將河堤加高並往內陸推一百公尺，以確保溪水有足夠的寬度流過，不再動輒淹水，但有部分民眾反對，因為這些鄉民在溪旁種植釋迦，擔心河堤重建、河床拓寬會影響他們的種植及收益。

有次吳敦義前往金峰鄉視察重建工程，種植釋迦的農民聚集抗議，重建會工作人員極力說明河堤加高及河床變寬的重要性，但農民仍有異議；當時天已黑，風也大，他聽完兩方說法後，抿著嘴唇，在蒼蒼暮色中下了結論：「河川的地終歸要還給河川，這樣才能保證不淹水。」

裁示重建後，金峰鄉太麻里溪不再氾濫成災，河堤不會再遭沖毀，鄉民的生命、財產也有了保障。

那天吳敦義同時也裁示，重建被沖毀的鐵路時，必須建雙軌，以利通行。

「他應該料到未來東部發展觀光，一定要鐵路電氣化，而且建雙軌，就可不必等雙向會車，行駛量可加倍。」陳振川說：「這個決定做起來不簡單，是雙倍的花費，必須有院長一錘定音。」

由於劉兆玄在任時即訂定重建三大主軸，就是救災、安置和重建要同步進行，並且定下「救災要急，重建要細」原則，把重建很快地定調為：第一、建永久性的房屋；第二、由民間NGO負責興建，政府負責提供土地及解決相關行政問題；第三、邀請企業界參與災後振興災民生活的計畫。但是執行起來卻是魔鬼都在細節裡，而細節是執行成功與否的關鍵。

縱使如此，有些災民仍感不滿。吳敦義在風災一週年時，也向災民道歉說：「有兩點，政府還沒有做好，對於部落文化的保存，以及遷村事宜，仍然未能人人滿意。」

惡水無情，人間有愛

在二〇一九年八八風災十週年回顧，陳振川說，災後重建真是中央與地方、前後任行政首長、朝野政黨、NGO與政府合作的完美範例。台灣被世界銀行評為全球地震、颱風、水災最高風險的國家之一，未來面臨氣候劇變、全球暖化日盛，八八風災可作為全台整體防災的借鏡。

八八風災後一個禮拜，行政院長劉兆玄依照馬總統指示，成立災後重建委員會，八月二十八日立法院即通過《莫拉克颱風災後重建特別條例》，期間很多人建議馬英九要頒布國家緊急動員令，但是馬英九認為沒有必要，因為現行法令已周全，事後證明的確如此。

吳敦義上任後，行政院在一個月內就彙整重建所需的各項經費，立法院也火速在十一月十日通過特別預算，透過特別條例及特別預算的編列，使重建工作確定有子彈可發。

「這個絕對要感謝王金平院長，協調民進黨立委，不要為難特別預算。」雖然王金平已卸任立法院長，但吳敦義仍念念不忘舊情。

重建委員會是跨部會單位，掌溝通、協調、執行，吳敦義每次都親自主持，經濟部長、內政部長勞委會主委等都坐在下面，人人都必須端出菜來，如何幫助災區重建。陳振川說：「他主持會議太有經驗了，大部分事都可當場定奪，並且能找到有效資源來幫助部會首長。」

曾經在《中國時報》當過記者與社論主筆的吳敦義，也算是新聞人，知道人民在意的，既然是八八風災造成全民創傷，他與慈濟功德會磋商後，要在八十八天完成第一批永久屋。慈濟全力趕工，第一批永久屋果然在八十八天完成，還拿到使用執照，在二〇一〇年農曆春節前，第一批災民遷入新屋，開始新生活。

雖然是由慈濟捐款、捐人、捐建材、捐愛心，當時高雄縣政府的全力配合，也是第一批永久屋能在八十八天內完成的主因——周圍的整地、造路、造橋都得與慈濟建屋同步進行，以便建材、人員都能順利進入。時任高雄縣長楊秋興雖是民進黨籍，但不會為意識型態所困，而且本身是台大土木系及土木所畢業，與重建會合作無間，縣政府該做的事絕不推諉。

2010年2月，出席高雄大愛永久屋「歡喜入厝」典禮。此為慈濟功德會捐建，右二為慈濟的執行長林碧玉。

2014年，參加莫拉克永久屋基地「優良社區評比」頒獎。

慈濟之外，紅十字會、世界展望會、張榮發基金會、TVBS基金會等多個非政府組織，也都投入人力、財力、物力，協助政府推動災後重建工作，這些非政府組織的協助，不但加快了重建工程的速度，也讓災民得以重新擁有一個家。民間組織的義助，至今吳敦義依然感念在心。

在重建漫漫之路上，很多創新點子令人訝異，例如新增崩塌土地共四萬公頃，推估泥沙生產量有十二億立方公尺。二〇一三年，重建會疏浚了三億一千萬立方公尺砂石，輸運卡車長度可繞地球十一圈，二〇一八年再疏浚五億五千萬立方公尺砂石，輸運卡車長度可繞地球十七圈。

這些砂石運到哪裡去？做什麼用？原來，有些給農田流失的農民重新墊高農地，然後耕作；有的給海邊魚塭失去養殖地的填土，重新恢復養殖；更有的給受災的地方政府，政府賣給當地營建業，作為攪拌混凝土，收費所得可以做災童的餐費。

二〇一三年我曾去過大愛園區，裡面一排透天厝整齊美觀，旁邊草木萋萋，枝葉亭亭，室內通風採光非常好，棟際之間差十八米，中間的道路可以曬穀子，還有為了創造生態有機園區，道路有自然排水設施，讓雨水可以滲透到地下，形成自然的生態走廊。慈濟還在永久屋旁種植故鄉的樹木，引來故鄉的鳥兒與蝴蝶，在溪流中放入故鄉的魚蝦，雖然搬了新家，但就像是抓了一把泥土放在新的村落。

根據國家災害防救科技中心調查，七五%的災民在兩年內都已恢復正常生活作息，六〇%的人認為自己不是災民。失去所有家產的道觀館主玉金主就說：「不要再叫我們災民，我們是居民。」

台灣的災後重建經驗贏得很多國家的讚譽，美國「國家地理頻道」拍了多個記錄片，報導台灣逆轉勝的成果，美國前總統柯林頓、世界展望會全球總裁任開文也都表示肯定，尤其是永久屋不得出租或出售，但可以代代繼承，符合公平正義。

「八八風災彰顯我們台灣人良善本質，」吳敦義在八八風災紀念一週年時感懷地說：「成果是建立在我們的汗水和淚水上，而不是玫瑰與鮮花上。」

Chapter

10

有感施政

——鐵腕與柔情

「莫忘世上苦人多」，對吳敦義來說不只是一句口號，而是真正做到。他為健保被鎖卡的民眾解難，想方設法讓弱勢民眾可以獲得補助，並調整經濟指數項目，讓施政更能貼近民眾真實生活。

二〇〇九年九月，出任行政院長的吳敦義召開記者會説明自己的施政方向。

「我太愛自己，愛自己很深。」

這句話聽起來有自戀味道？

二〇〇九年九月七日，在馬英九宣布行政院長由吳敦義接任後，吳敦義召開為時一個多小時的記者會，他把自己的個性、經歷、乃至未來施政風格一次講清楚，他說有「三不碰」，都因為「我太愛自己，愛自己很深。」

第一個不碰是「錢」。從擔任黨的祕書長之後，歷次選舉從地方到縣市到黨內不分區立委，任何輔選都是秉持「克勤克儉」原則。

第二，他不談黨主席議題。不管吳伯雄還是馬英九，都是他的長官，都很愛護、器重他，他對兩人真誠以對，所以不去「碰」，因為「匹夫無罪，懷璧其罪」。

第三，他不碰「內閣」人事。他說，試想如果你是馬英九，要是下面的部屬，三天兩頭老是在你的耳邊說這個人不好、那個人不好，你會怎麼想？你會信任這樣的人嗎？

他愛自己很深，其實是自重，自信，不是自戀。

八八風災重創馬政府聲望，當時外面流傳，吳敦義積極建議馬英九換掉劉兆玄，傳言似乎很正對得上國民黨「內鬥內行，外鬥外行」的文化，吳敦義對此很生氣，因為他絕不是這樣的人，他既不會做，也不可能做這樣的事，他是個既有傲骨，也有傲氣的書生。

他也自信太深，不屑與媒體辯駁，唯有沒自信的人才會隨之搖擺起舞。清代詩人鄭板橋有首七言絕句〈詠竹詩〉，詩云：「咬定青山不放鬆，立根原在破岩中；千磨萬擊還堅勁，任爾東西南北風。」他隨口改寫為「咬定青山不放鬆，管他東西南北風。」他說不必媒體今天寫一點什麼就到處去更正，他從來不在乎這些東西，不管風要怎麼亂吹。

不忘世間苦人多

對台灣大多數人來說，二〇〇九年八、九月，真是場「擴增實境」（Augmented Reality，簡稱 AR）的有感體驗，情況日漸危急。

金融海嘯還尚未退潮、失業率飆升、企業嗷嗷待救、八八風災猶在瘡痍瓦礫中，連高鐵都出現大問題，還不出錢，面臨破產；問題猶如是烽火連天、全國心情是灰的。

九月十日，接任行政院長的吳敦義，用鐵腕與溫柔、意志與情感，上緊政府的螺絲釘，大政策如兩岸、如加強台灣競爭力，還有解決降不下來的失業率、與馬英九共同執行「黃金十年」新願景，畢竟這只是馬英九的第二年，未來應該還有六年。

他解救了健保卡被鎖卡的民眾。住在高雄的單親媽媽汪祥君（化名）生第二胎時，因為醫療疏失，小孩終生不能走路，不久先生也求去。她帶著大女兒和小女兒定居高雄，不能工作，繳不出健保費，小女兒因為是重大傷病，仍可使用健保卡，但大女兒和自己的健保卡被鎖，身體不舒服，就只有去藥房買成藥吃，每天身心焦慮，當時真的很想帶著兩個女兒自殺，但轉念一想，孩子無辜，只能時時祈禱自己和女兒不要生病。這樣過了五、六年。

從阿扁擔任總統後，民眾健保被鎖卡沒有得到應有的重視，加上正值台灣企業大遷移到大陸，若遇到丈夫、太太雙重失業，小康家庭頓時就會家徒四壁；此外，弱勢者往往也很容易生病，屋漏偏逢連夜雨，屢聞夫妻倆或單親爸爸、媽媽帶著孩子燒炭自殺，那是社會的集體悲劇。而在蘇貞昌就任行政院長期間，因為民眾憂慮未來經濟，滿意度只有一八%。

吳敦義上任後，聽到民眾反應，第二天即在行政院指示衛生署不得鎖卡，醫院遇重病者不得拒收，遇有此類健保積欠者，政府和醫院可以共同解決。

他說：「弱勢族群經濟能力較差，貧病交加已夠可憐，如果有病還不能看醫生，那是太不人道了。」

接著他找資源幫助這些欠繳保費者，他在經濟部大禮堂，分兩批請六大工商團體（工業總會、商業總會、工商建研會、中小企業協會等）會員吃早餐，和他們說，因為會員的公司財務較好，是否能月薪五萬元以上的每人健保費多付五百元，八萬以上的多付八百元，十萬以上的多付一千元。

「每客燒餅油條，我要同仁在永和豆漿買的，只要二十八元，就解決了國家大事。」吳敦義說。

行政院院長任內，吳敦義常會請六大工商團體來參加「早餐會」，幫弱勢籌措經費。

為了順利推動政策，吳敦義主動找工商界人士如林伯豐（左）、張平沼（右）一起來幫忙。

出席台中慈濟醫院「隨身健康支付卡」啟用典禮。

當時的商業總會理事長賴正鎰說：「雖然加重企業負擔，因為吳院長平日都會聽我們意見，我們知道他講的都屬合理，自然不會反對。」

為什麼不用公款幫清寒民眾付呢？公款很多都有名目，要用來建設的。這樣要會員員工多出一點，也等於做好事，全台灣六十萬積欠保費者，都得到了「解救」。

「領導人不止要有慈心，還要有智慧。」吳敦義說：「政府既要苦民所苦，還要解民所苦。」

接著中央健保局研擬「弱勢安心就醫方案」，健保局初步篩選，六十萬欠費者中，有六成、約三十七萬人是貧苦無依的經濟弱勢者，有二十幾萬人並非真正的經濟弱勢，而是賴皮不肯繳保費。對其中三十七萬真正需要協助的經濟弱勢者先「解卡」，有病先就醫，積欠的保費可慢慢還。

單親媽媽汪祥君和女兒終於可以不怕生病了，現在長女上大學，小女兒也十二歲了，吳敦義夫人蔡令怡有時南下高雄，會去探望她們母女，不但帶禮物來，離去時還會塞個紅包給小孩。

汪祥君非常感動，常在臉書上為吳敦義和人打筆仗，吳敦義選主席時，她加入國民黨並幫忙拉票，「那麼好的官，你不幫他，幫誰呢！」

米酒終於降價了

米酒是台灣人的生活必需品，坐月子要吃麻油雞，煮菜調味、冬天進補也要用米酒，原本一瓶約二十元左右，二〇〇〇年之前米酒每年銷售二．一億瓶，等於台灣每人每年喝近十瓶，台灣加入世界貿易組織，政府承諾廢除菸酒公賣制度，二〇〇三年要調漲到一百八十元，一九九九年消息一出，引起民間恐慌，爆發搶購、囤積紅標米酒潮，二〇〇〇年，公賣局各配銷處只能讓民眾限買兩瓶，恐慌性搶購囤積人潮變本加厲，甚至出現「憑舊瓶購新酒」、「憑戶口名簿購酒」等情事。公賣局還從新加坡進口一百萬瓶米酒，仍然無法抑制米酒缺貨問題，成為當年度十大民生新聞之一。

當時菸酒公賣局局長施顏祥即稱這是他任公職以來，最驚險的事件，民眾及雜貨店、超商囤積，民眾在家中存放多瓶，至為危險，不時發生囤積引爆火災；民眾也開始釀製私酒，往往導致甲醇中毒，失明或死亡。

但是，執政的民進黨政府卻遲遲不作為，馬政府上台，劉內閣修正菸酒稅法，八月送進立法院，在臨時會裡通過，除調降稅率外，更以增設「料理米酒」方式為酒價解套，米酒售價也從一百八十元降到五十元。

吳敦義上任後，菸酒稅雖已下降，米酒每年銷售量也增為八千多萬瓶，但民眾認為稅賦仍然偏高，私劣米酒問題依舊存在。於是吳敦義再想方法，在米酒瓶上打上「專供烹調用」，如此菸酒稅就可進一步降低，按現行加鹽料理酒課稅方式，米酒又從五十元降到二十五元。歐美酒商為此群至行政院抗議，吳敦義囑咐部屬告訴他們，只要願意在白蘭地、威士忌、紅酒酒瓶上打上「專供烹調用」，都可一律比照，酒商當然不願意如此做，也就不了了之。

從此，坐月子的，進補的，愛吃薑母鴨的、燒酒雞的，都可享用公道合理的米酒，「庶民經濟」再添一筆。

每次政黨輪替，新任行政院長上台後都會推出新的經建藍圖，像是「知識經濟」、「挑戰二〇〇八」、「大投資、大溫暖」等等，吳敦義這次一上任，就提出「庶民經濟」施政理念，真正反應一般民眾的心聲，貼近庶民生活。

他重新調整經濟指數項目，納入股價指數、餐廳生意、航空貨運業務以及貨櫃車數量等，更能貼近民眾生活。「庶民經濟」簡單講，就是你我實際感受到的生活經濟，如果大家的口袋裡變有錢了，更有能力消費了，那就是「經濟」變好了；如果口袋裡錢變薄了，可以消費的錢也變少了，那就是「經濟」變差了。

為照顧庶民，不免鐵腕，每逢農曆春節時，花蓮地區有很多民眾因為鐵路局火車班次不夠，無法回家吃年夜飯。二〇一〇年農曆年前幾天，「平頭閣揆」叫台灣鐵路局局長到辦公室，要求讓所有要回鄉吃年夜飯的人都有車可搭，除夕中午十二點以前要加開班車，以全數安全送回。果然那年年三十，除夕那天，十二點以前有火車在等待著，那是鐵路局怕不能及時運輸旅客而備用的，但月台上卻沒幾個人，因為多數民眾都已順利返鄉。

為八塊錢丟官

吳敦義治軍甚嚴，因為調漲八塊錢的汽車燃料費手續費惹惱了他，讓一個局長丟了官。

二〇一〇年二月，公路總局因調整汽車燃料稅代收作業，凡是由超商收繳的，手續費從七元漲為十五元，否則就只有到郵局繳納，車主大罵不便民及一國兩制，吳敦義聽到民怨至為震怒，要求主管機關徹查，公路總局長林志明為此請辭下台。

吳敦義說這個規定太不合理，並批評很多歷年疏忽的事，他說：「長期以來，政府的行政程序多少造成民眾不平，例如汽燃費繳費方式，與民眾違規罰單只能寄到戶籍地等問題，幾十年來政府無法解決，部會間若還推來推去，民怨將不斷累積。老百姓的小事，累積起來就變成政府的大事。」

他軍威嚴格，跟他做事的部屬有代價，也有收穫，他不會塞人事案給部會首長，部會首長處事單純，不必顧忌政治衝擊，只要不是「自走炮」，院長都會挺。

整頓高鐵

吳敦義在行政院長任內有很多作為，展現他做事的態度。例如整頓高鐵，就展現了他的魄力。

台灣高鐵班次頻繁相當便利，但出國坐過高鐵的人都認為台灣高鐵的票價太高，大陸高鐵票價只有我國的三分之一，基層人民都負擔得起，我國高鐵票價甚至比法國的GTV還貴，其中原因紛擾複雜，首任高鐵董事長殷琪有一籮筐的理由，例如：因政治力干擾，本來要採法國標，後台是李登輝的台灣經濟研究所所長劉泰英主張用日本標，最後變成歐日混血，兩種規格並行，加重成本。

不管過去如何，歷史問責，吳敦義決定在他手裡要停損。

有一天，他搭高鐵南下，列車長到他座位打招呼，他就順便詢問高鐵營運狀況，列車長回說乘客不少，但因貸款利息太高仍然虧損。

第二天上班，他就請當時的財政部長李述德到辦公室商討，請李部長找主導高鐵聯貸銀行的台灣銀行，研究是否可以設法以「借新還舊」的方式，降低高鐵的貸款利息，以減輕成本負擔。

吳敦義說，高鐵是台灣南北交通最重要的大眾運輸系統，如果因為入不敷出停擺，台灣南北交通將不堪設想；而如果高鐵為了維持營運大幅調漲票價，這就要增加民眾的負擔，無論是前者或後者都不是好事。

因為吳院長的指示，高鐵終於獲得較優惠的利息，減少約一百億的成本支出，後來有了盈餘，得以正常營運，員工也開始能加薪了。

接著，他指定副院長朱立倫主持高鐵改進小組，過去政府已經大量投資，成為台灣高鐵公司最大股東，但素與民進黨交好的董事長殷琪，仍高居董事長位置，而不是官股代表出任董事長，吳敦義堅信這不合理，因此指示由官股代表歐晉德出任董事長，而且董事長、總經理、副總經理、獨立董事都減薪，高鐵「再造」，才逐漸步上正軌，這是高鐵轉虧為盈的關鍵。

從馬英九上台之後，為了方便苗栗、彰化、雲林民眾，讓他們同享高鐵之速度感，但是高鐵部分股東反對，說中部地區地盤下陷，不適合建高鐵站，二〇一一年，吳敦義在行政院院會中，強調這是政府既定政策；他也提醒那些反對的人，「過去興建期間獲得利益的人，如果要跟苗栗、彰化、雲林乘客作對，政府斷然不能容許。」並且義正辭嚴地說：「高鐵兩年多前幾乎難以動彈，是政府全力支持，協助取得三千八百億聯貸案，並讓經濟有效復甦、乘客增加，高鐵才能改善營運。」

至今雖然還有人質疑我國高鐵每站都停，但是直達台北、台中、高雄都是半個小時一班，新設的站則是一小時一班，彼此沒有妨礙，至為方便。

安得廣廈千萬間

二〇〇三年，台灣開始房地產狂飆，高房價連續幾年高居「民怨之首」。二〇〇一年初，雙北很多地區房地產已經較前一年漲了二〇％。吳敦義第一個動作是三月二日在立法院宣布，自三月十一日起暫緩標售雙北精華區國有地，原定九天後的大量國有地標售，眾財團已經紛紛摩拳擦掌，投標作業也都完成，但他將這個，合計共十三筆，總底價近六・四三億的標售案喊卡，顯示政府遏止炒作房價的決心，財團氣得跳腳。

停止國有地標售，是因為很多財團標下土地，不是閒置就是炒作附近房地產，使得房價大幅上漲，再把自己土地賣出去牟利。當時，媒體大幅報導建國南路信義聯勤國有地，二〇〇六年由新光人壽以每坪六十四萬的價格標下，二〇〇八年以每坪三百五十六萬的天價轉售，淨賺三十億。兩年淨賺近六倍，實在是一本萬利的生意。

吳敦義認為既沒有社會正義，國有土地也沒有作最有效率的規畫，財團標到之後沒有花一塊錢改善，帶動周邊發展，實在太沒道理。當時很多時事評論者擔心，吳敦義是頂著烏紗帽和財團對幹，這個改革院長還能做多久？

唐代現實主義詩人杜甫終生清寒，但在〈茅屋為秋風所破歌〉，寫出千古名句「安得廣廈千萬間，大庇天下寒士俱歡顏。」（如何才能得到千萬間寬敞高大的房子，普遍地庇護天下貧寒的讀書人，讓他們能夠開顏歡笑！），顯示杜甫對弱勢的柔情，吳敦義在學生時代就期許自己能做到。

但終生靠公餉過活的吳敦義，不可能有廣廈千萬間，他只有一戶住了四十餘年的舊屋，但他要在能力範圍內，讓無殼族，尤其是年輕人，有機會擁有自己溫暖的家，不願意他們勞碌終生，尚無一己的棲居之地。

接著輿論反映，建築業把雨棚算作可使用面積，與房子賣同樣價錢，變成雨遮一坪也要賣五、六十萬，殊不公平，他用台語說著：「草繩和螃蟹一樣價錢，又不是土匪。」後來，內政部修訂陽台和雨遮價格必須分開標價，為消費者贏得權益。

次年年中，行政院擬定了奢侈稅，豪華汽車、豪華住宅都要課徵比一般多十至二十趴的稅率，其實也意在打房，立法院很快通過，六月開始實施，行政院也進一步擬訂實價登錄課稅相關法規，將房地產市場交易價與公告價透明化。

這期間，房市算是經歷了一場震撼教育。原本熱絡飆漲的房市，剎那間冷卻，價跌量縮，建商推案全面縮手，部分地區甚至出現委賣房屋大增數成的「逃命潮」。但是到奢侈稅真正上路實施，反而房市利空已逐漸鈍化。當時很多房地產專家預言，台北市房價會腰斬四成，打趴在地，中南部更慘，但是奢侈稅實施後，價格反而穩定下來，只有小幅下跌，這證明不是政府要打趴房市。

尤其，從建商逐漸重整腳步擬定年度推案計畫來看，至少說明了奢侈稅，絕對不是部分業者所稱會讓房地產崩盤的「惡政」。

吳敦義非常重視民意。每天早上七點，祕書長林中森帶領包括新聞局長的輿情小組，一起討論當天有什麼大事，或是可能引起大幅震盪的事件，八點鐘準時向進辦公室的吳敦義報告，商議若新聞界問起要如何作答，「不要忘了，我也做過三年記者。」他自信地說。

吳敦義全身充滿政治細胞，知道民意何在，也急於任事，急於辯駁，他聰明而且不掩飾自己的聰明，事實上大部分時候他還是做了正確的決策，否則二〇一二年國民黨的總統與立委選戰，不會如此順利。

▼Inside Story

「綠懼人」在立法院如何攻防？

二○○九年九月十六日，吳敦義處理八八風災及高鐵舊債換新債後，踏進立法院要做施政報告，還沒上台，事前保密到家的民進黨立委，突然拿出白布條、標語霸占主席台。

「我做過三屆立委，哪個立委的出身底細，我會不清楚？」吳敦義自信滿滿。

面對綠委的攻勢，吳敦義沒在怕，二十年前，他被指派去高雄當市長時，第一次去議會做報告時，民進黨市議員就不讓他進去，連西裝下擺都拉破了；當立委期間，他也看盡各種政治秀，所以他穩穩地坐在閣揆位置上，寵辱不驚。

蔡同榮接著指責吳敦義去香港是為了向大陸「請示」，吳敦義當即希望對方不要用自己的思考揣測他，蔡同榮出口說：「你真的很會說話。」

有次，他在一個委員質詢完畢後，洋洋灑灑答了十五分鐘，這位委員說：「我只講五分鐘，你講十五分鐘。」吳敦義輕鬆地回答：「我們都上過學，老師出作文題，題目只有五個字，但我不可能只寫五個字，我一定要寫五百字才行。」

當天同黨委員也不客氣，小辣椒洪秀柱上台，問吳敦義「下台的條件」，吳敦義說他沒為下台訂日期，卸下閣揆職務，會是應馬英九總統之令、階段任務完成等，吳敦義並期許自己「做一天好和尚，撞一天好鐘」。

二〇一〇年，吳敦義到立院接受總質詢，民進黨黨團總召柯建銘擔任第一棒。柯建銘一上台，不留情面，直言吳敦義的不滿意度高達四八％，批評吳揆上台一年來的政績不佳。吳敦義就說蘇貞昌擔任行政院長時施政滿意度只有一八％。

柯建銘又提及五都選舉國民黨如果失利，吳敦義是否要下台負責，吳回說，五都選舉是政黨的問題，與他的職務沒有關係，他不會在國會殿堂上回答與職務無關的事。

▼Inside Story

世大運選手村和社子島開發計畫

談起吳敦義在行政院長任內的作為，前台北市長郝龍斌回憶：

吳敦義任行政院長是非常適合，他做過地方行政首長，做過國民黨祕書長，也做過市議員及立法委員，在馬英九任命的行政院長裡是做得好的。地方政府找他談事情，他是有反應的，有裁決力、也有執行力。

我做台北市長任內，兩件事他協調完成，我記憶很深。當我們開始申報世大運時，吳敦義任行政院長，我們找他商量問題，他都會盡力解決，世大運執行委員來台灣訪問時，都親自接待以及舉辦宴會，並以書面保證，政府會全力配合世大運要求。

當時最重要的是興建世大運選手村，台北不可能取得土地，我們報告吳院長，他說：「你去找林中森祕書長。」林中森做過內政部次長，知道政府還擁有哪些地，要跟哪個單位協調。結果林中森找到林口一塊地，能夠興建容納一萬多個選手的選手村，這是最大的難題，他幫我們解決了，林中森代表院長協調國防部、內政部、新北市等單位，先幫我們規畫、整地，台北市政府只要興工，因此一切照計畫進行，沒有耽誤，而且他定時都會知會我們協調進度，讓我們知道如何因應。他在任副總統前，最後一次行政院院會裡，把所有有關世大運的事宜都做了決定，柯文哲在市長任內才能順利舉行世大運。

後來舉行完世大運後，這批選手村又成為社會住宅，租售給年輕人，現在機場捷運經過，附近很興隆，政府資源一點都沒有浪費。

另一個是社子島開發計畫，社子島因為長年淹水，無法開發，是台北最落後的地區。我在做市長後，就積極規畫。要開發不簡單，首先要解決淹水問題，然後是土地規畫、開發，在在都牽涉中央部會，例如要興建五期防洪計畫，就牽涉經濟部，有國防需求，就得協調國防部，還有建築法規，牽涉內政部，也是他出面以行政院長名義來協調各部會，做裁決，掌控進度。社子島計畫分二十年實施，他也為我們剷除了很多障礙，我二〇一四年離任時，已經計畫完成，也開始執行，可惜的是柯文哲上任後，就擱置，最近才開始又重新執行我們的計畫，已經晚了四年。

Chapter

11

無私的競爭力

──「綠懼人」絕非浪得虛名

他對家人，治家如治軍；對各縣市，不分藍綠，有問題都盡量解決。此外，在促成兩岸和平，國家競爭力評比、經濟成長率、出口增長率方面都站上歷史高點，創下傲人的紀錄。

二〇一〇年十一月二十四日，行政院長吳敦義發表後ECFA時代政府施政方針及願景專題演講。

三十一歲的吳子文在香港城市大學拿到MBA後，到香港德意志銀行任職，好不容易於二〇一〇年調回台灣德意志銀行，可以跟家人共聚一堂。十一月的一天，接到父親吳敦義祕書的電話，要他在中午十二點到達行政院長辦公室，一進辦公室，擔任行政院長的父親就對他說：「你今天下午就跟你的老闆辭職，今天就要辭。」

原來二〇〇八年金融海嘯後，AIG（美國國際集團）因為經營困難，想要脫手台灣旗下的南山人壽，因為德意志銀行是其中一個潛在買家所委任的投資顧問，吳敦義認為兒子有瓜田李下之嫌，要求兒子馬上去職。

治家如治軍

「他只給我十五分鐘，時間到了，祕書長林中森進來說，院長下個會議的人員已到齊，要開始開會了。」身材、五官遺傳爸媽優點的吳子文說：「他就像對部屬一樣，抬抬頭對我說：『就這樣了，完成後告知我。』我只得快去辭職。」

「那時正值年底，聖誕節、新年都將至，我和老闆說要辭職，他極為不高興，照慣例我至少要給公司一個月的時間做交接，老闆很生氣地說年底要他到哪裡找人啊？最後，還是接受了我的辭職。時逢金融海嘯剛過，景氣都沒有恢復，金融機構尤其受創，我也是失業了半年，才找到香港德意志銀行那份工作……。」吳子文回憶那段時光，「那時我三十一歲，我終於知道父親的底線在哪裡，希望自己未來也能守住這道底線。」

吳敦義不單自己不容操守有瑕疵，家人也跟著受累，不能有政商沾連。他當上院長之初，太太蔡令怡還有些股票在手上，不待丈夫吩咐，就趕緊賣了。

外界屢屢訛傳有所謂的「夫人幫」，其實以吳敦義治家如治軍風格，二〇二〇年剛慶祝完金婚（結婚五十年）的蔡令怡，深知吳敦義性格，平時她會唸唸叨叨，對很多事有強烈主見，有自己朋友圈，但也是以夫為重的傳統婦女，她絕不會違背吳敦義廉潔、不徇私的底線。

「無私」是吳敦義的重要特質，他不建立派系，做了行政院長後，對藍綠縣市建設與經費公平對待，二〇一一年有歲計剩餘，加上政府第二預備金還未完全支出，大筆結餘如何運用，有人建議分給國民黨執政的縣市，但吳院長未接受，他根據縣市人口數分配給各縣市，完全不分藍綠。

陳振川記得在八八風災重建期間，一位南部國民黨主委陪同吳揆，這位主委在車上一直埋怨民進黨地方首長基於黨派之私不給國民黨民代資源，吳敦義告訴這主委說，不要這麼想，因為當家有當家的難處，以行政院長而言，「這位行政院長是中華民國的大家長，而非國民黨的大家長。」陳振川帶著欽佩口氣說。

讓民進黨在意的「綠懼人」

資深媒體人蘇進強在二〇一七年五月，一篇標題為〈吳敦義果真是「綠懼人」嗎？〉的評論中提到他的特質：「他口才便給，理念清晰，善用庶民語言論述相關政策，拉近與民眾的距離，這是他的強項。因為他黨政經歷完備，故其論事可以衡量情理，開口成章，不掉書袋，罵人也不帶髒字，綠營政治人物少有人能與爭鋒，他在行政院長任內對民進黨立委的質詢從不假辭色，『綠懼人』並非浪得虛名。」

其實，從擔任高雄市長開始，吳敦義就是「綠懼人」，民進黨長期在平面與電子媒體、網站、Facebook想要抹黑他，抓到一點小語病，就大攻特攻，例如「白海豚會轉彎」、「發明無薪假的人可以得諾貝爾獎」等等，國民黨內的有心人亦不時藉機發揮，潑他墨水，是計畫性的烏賊戰術，想要對他形象造成一些傷害。

但他並不在乎也不記恨，在行政院長任內，對藍綠縣市一視同仁，不存一絲偏見，尤其戮力解決台南和高雄的發展瓶頸，兩個城市都是民進黨長期執政。二〇一〇年擔任台南市長的賴清德，向他請求促成台南砲校遷建，他聽完賴市長的陳訴，二話不說即予答應並指示相關部會全力配合。台南砲校他遷，經過幾任市長的努力，這片廣袤的土地開發為全台南最大的公園、台南市立圖書館新總館以及創意園區等，為古色古香的台南，增添人文氣息及盎然綠意。

賴清德多次在公開與私下場合，都曾感謝吳敦義對台南市建設的大力支持，並且稱讚吳院長是最有能力及最能解決問題的閣揆。

二〇一七年吳敦義當選國民黨主席，雖然民進黨在立法院已是絕對多數，接任行政院長的賴清德，仍然特別於十一月三日專程到吳敦義在南京東路的辦公室拜訪，雙方會談一個多小時，相談甚歡，兩人還十指交扣，是難得一見的朝野人物和諧之氣。

施政不該分顏色

對於高雄，他同樣大力支持二百多萬市民極為關心的重大建設，如衛武營營區（八軍團）遷移之後開發成公園及藝文中心、高雄展覽館、海洋文化及流行音樂中心、旅運中心、鐵路地下化南延至鳳山等，在他擔任行政院長後，依然努力增加預算並積極推動，這是他在高雄市市長任內規畫、想要完成的建設藍圖。

對地方甚為了解的吳敦義，也協助解決了許多南投的交通建設，像是南投國道六號國姓交流道及三高的南市、竹山交流道，八八水災後興建鹿谷小半天對外聯通的高架斜張橋，開闢南投市華陽路、福崗路交通，促使南崗工業區工廠生產貨物更加快速、便捷等。尤其解決了中興新村幾十年來無償占用民地的糾紛，補

2009年11月，中興新村高等研究園區開發籌備處舉行揭牌典禮，時任行政院長吳敦義致詞，希望能帶動建設，讓中興新村風華再現。

償地主五十八億元，規畫設置「中台灣產業創新研發專區」，以活化凍省後的中興新村，可惜後來民進黨執政，於二○一七年將專區規模縮小並改為「中興園區開發計畫」。

前苗栗縣長劉政鴻也說，沒有吳揆撥款興建苗栗縣的公路，以及國民黨執政期間撥款支持，苗栗就沒有今天便捷的道路，更無法成就今天的觀光盛景。

金融危機下的「韌性」

二○一○年，台灣的經濟成長率高達一○．七六%，是二十四年來最佳，也是蔣經國時代十大革新、十大建設之後少有的兩位數成長率。

IMD世界競爭力中心（WCC）主任賈瑞利（Dr. Stephane Garelli）在全球報告分析中特別指出，在金融危機後全球經濟衰退聲中，大型經濟體競爭力明顯受衝擊，唯獨台灣表現出「韌性」。尤其，除了百年一見的世界級災難——金融海嘯，台灣還受到八八風災的重創。

其實，這個「韌性」很多來自於簽訂ECFA（兩岸經濟合作架構協議）與其他總計二十三項兩岸協議和三通，既改善了台海兩岸關係，也降低企業成本支出，這是馬英九總統在八年任期中正確的理念及吳敦義的執行力所致，讓政治穩定，又兼顧經濟成長。當時對香港和大陸出口成長四〇%以上，使得我國出口成長率居世界第三名。

通常國際衡量一個國家是否躋身先進國家之林，是以服務業出口額為指標，而服務業出口額最大宗貢獻是航運、金融、保險等，而非餐廳、咖啡店等。我國服務業一向出口最弱，那年開始因為銀行、保險業開放大陸設點，也帶動海外設點，服務業出口正成長率居世界第二名。

金融風暴尚未止息之際，吳敦義擬定《產業創新條例》送交立法院三讀通過，並首次將我國的營利事業所得稅從二五％降至一七％，頓時減輕企業稅務負擔達三分之一。當時的財政部長李述德指出，很多人擔心吳院長是不是一下降了太多，政府稅收會不夠。其實這項減稅案，受惠最多的是中小企業和外資，因為大企業有研發補助、抵免所得稅等，前者少有這些優惠，吳敦義常廣泛接觸於基層及地方，他深知立法施行後不僅稅收不會少，自次年起稅收反而會增加很多。

他說，鄉下常看到養鵝人家，家裡肥鵝和瘦鵝的差別很大，肥鵝隨便抖一抖，掉下的鵝毛很多，瘦鵝再怎麼抖，也只有幾根。國民黨的政策就是養出肥鵝，把企業養大，讓他們營收增加也會增加繳稅，國家就可以做更多事。

他不迷信數大就是美，不是供給學派（Supply-side economics），也不是傅利曼（Milton Friedman）學派，而是就事論事派，一事一議。

兩兆雙星是我國重要科技產業鏈

二〇〇八年我國記憶體生產廠商擴充過量又遭逢金融海嘯，DRAM業者是做一顆賠一顆，二〇〇九年初，有業者提出希望整合，當時的行政院長劉兆玄、經濟部長尹啟銘接受陳情，研議與日本爾必達（Elpida）和美國美光（Micron）合作，六個月內成立台灣記憶體公司，整併力晶、南科、華亞科、茂德、與華邦電等五家DRAM業者。

二〇〇九年九月十日，劉內閣總辭，吳敦義接任行政院長，業者又到行政院陳情。吳敦義考量此為金融海嘯造成的供需極度失衡，在景氣恢復後，業者應會找出生存之道，因此回覆告知，因事涉銀行端數千億的貸款及股東權益，有關產業合併的事，必須經過立法院同意，若能說服立法委員諸公，行政院可以擬定草案送交立法院審議。他的回應緩解了DRAM整併危機。

和力晶創辦人黃崇仁晤談。

吳敦義會廣泛聽取業者的意見，合群卻不結黨派。左圖右為台企聯副會長曾新慧；右圖左為達永建設董事長莊文欽，右為潤鴻建設公司董事長鄭志隆。

君子群而不黨

事隔兩年，DRAM廠商重新復活，並逐漸轉型成為台灣高科技競爭力重要一環。被科技業者喻為「九命怪貓」的力晶創辦人黃崇仁，憑著堅忍不拔的精神以及對國家社會的責任，在力晶股價跌至「水餃股」時重整力晶，創辦晶圓代工的力積電，二〇二〇年風光上市，一上市股價就達八十四元，解救了以前被套牢的力晶小股東。有七千多位成員的臉書團體「力晶上市自救會」，為此將名稱改為「力晶同樂會」。黃崇仁九死一生，寫下企業界一頁傳奇。若非當時吳敦義暫緩DRAM整併，力晶恐已消失，也就沒有今天的黃崇仁。所以黃崇仁與力晶員工、股東、全台銀行金融業，都非常感謝吳敦義當年的明智裁示。

有些人認為不太交際或宴飲的吳敦義是「孤鳥」，其實古語裡即有「君子矜而不爭，群而不黨」，就是合群卻不結黨派，他的閣員更有感於他的無私，「他不會塞人事案給我們」，當時擔任勞委會主委的王如玄說：「我們專心做事就好，很多困難他會出面協調，不會推責任。」

曾任高雄市新聞處處長的吳建國，在外交部駐南非開普敦期間，吳敦義擔任南投縣長至南非訪問，吳建國當陪同祕書，後來吳敦義到高雄當市長時，市長室需要一位有國際專業的同仁，他向外交部借調吳建國來當機要，吳建國說：「部屬做得好，他不吝誇獎，縱使調職後，他也會注意他們的表現，在剛毅的外表下，他很溫暖。」

從事政治志業四十餘年，他有很多得力幹部，曾任行政院祕書長的林中森是其中之最，從他做高雄市長開始當祕書長、副市長，在阿扁任內做內政部常務次長。林中森外表低調樸實，也是博聞強記高手，當年是高考地政類科狀元，全國政府有哪些地、相關法令、可能遇到的問題，以及要找哪些單位協調，都在他腦裡，因此八八風災要回山上的地如何處理、世大運選手村用地，都是他在幕後覓尋、協調、商談所做成的。

在吳敦義任行政院長時，每天早上七點半，林中森就到行政院上班，和新聞局長及祕書等開會，他們已看過報紙，前一天也緊盯著電視螢幕的新聞。吳敦義在車上會翻閱《中時》、《聯合》等各家報紙，也會注意《自由時報》和《蘋果日報》的評論及報導，愈是反對者，他愈注意其動向，在新聞旁邊畫上紅線，交由幕僚人員保管。半小時後吳敦義出現在行政院，「我們馬上就要開始輿情報告，然後決定如何應對記者提問。」林中森說。

一邊看兩字，互相「麥創治」

敏感的兩岸關係，在他任內，有著長足的發展。二〇〇八年三月總統選舉，馬英九大贏民進黨對手達二百二十一萬票，晚上十點四十五分，國民黨中央黨部外歡悅群眾尚未散去，擔任副主席兼祕書長的吳敦義也仍在三樓辦公室，中央黨部電訊室人員快步進入祕書長辦公室，向吳敦義報告說：「大陸胡錦濤總書記來電祝賀。」

吳敦義走到五樓電訊室，一張薄薄的電報紙上寫著：「欣聞貴黨馬英九先生高票當選，特電致賀，並懇邀貴黨組團到我黨來訪問。」吳敦義當即回復：「感謝胡總書記來電祝賀，我黨當等五月二十日馬英九先生就任中華民國總統之後，

2008年前往中國大陸訪問，吳敦義表達外交休兵、一中各表的原則。右為時任國台辦主任王毅。

擇期到貴黨去訪問。」吳敦義還原當年情景，帶著微笑說：「這就是九二共識，一中各表」。

雖然現在「九二共識」被民進黨刻意曲解成一國兩制，但是「一中各表」的內涵是應該不變的，有次陸委會主委陳明通說，「九二共識」找不到檔案，吳敦義當即回嗆說：「我辦公室裡有。」

那封賀電也是大陸和台灣友善關係的開始。五月二十日馬英九宣誓就職，五月二十七日國民黨即組團，在當時的國民黨主席吳伯雄率領下，出差到大陸訪問，當時沒有直航，必須在香港轉機。次日一早，訪問團到南京中山陵謁國父孫中山先生之靈，當登上三百餘階梯，在祭堂舉起花環向國父雕像行三鞠躬禮時，吳敦義心中百感交集。學生時代就敬仰的人物，中華民國國父，百年國民黨精神指標蔣中正總統，以及一手提拔他的蔣經國一脈相傳，他怎能不把這個火種傳遞下去？

當天飛北京，與中共中央總書記胡錦濤會面及晚宴中，他當眾向胡錦濤表達外交休兵、「一中各表」的原則。胡錦濤聽了之後笑說：「都聽到了，那你總應有所表示吧！」他一口氣連乾了五杯茅台。那是一口乾的小杯子，吳敦義酒量普通，但他說為兩岸發展有幫助，再喝五杯都無妨。

他也問曾經在廈門服務一段時間的王滬寧，會不會講閩南話？王滬寧答說：「會一些些。」，吳敦義再乾一杯說：「『一中各表』就是大陸看到『一中』就開心，我們看到『各表』才安心，一邊看兩字，互相『麥創治（台語：意指不要作弄）』，有什麼不好？」

不到三個月，他們一行來到二〇〇八北京奧林匹克運動會，當然為中國乍來的繁榮驚訝與感動，這也是中國踏入世界眼中的第一步，但是因為國內大陸問題動輒得咎，因此回來後沒有大幅發表談話，但都銘記在心。向馬英九總統報告後，大家都認同加深兩岸交流的必要性。

兩岸和平最好

二〇〇九年八月下旬，吳敦義應邀前往香港參加第四屆「兩岸論壇」暨第三屆「台港論壇」。台北飛往香港的航程不到一小時，他在飛機上突然想起毛澤東的〈沁園春・雪〉。一九三六年二月，毛澤東被蔣介石的國民軍追到陝北清澗縣袁家溝，在白雪皚皚的高地，毛澤東有感而發寫下這闕詞，原詞是：「江山如此多嬌，引無數英雄競折腰。惜秦皇漢武，略輸文采；唐宗宋祖，稍遜風騷。一代天驕，成吉思汗，只識彎弓射大雕。俱往矣，數風流人物，還看今朝。」

吳敦義在飛機上靈機一動，拿出紙、筆，把〈沁園春・雪〉改寫成：

兩岸如此多嬌，引無數英雄競折腰。
唯反攻大陸，已成歷史；解放台灣，又嫌霸道。
一國兩制，或統或獨，都為台海掀波濤。
俱往矣，數當前明路，和平最好。

句句有押韻，且與毛澤東原詞的押韻相同，是最不簡單。

那天吳敦義以「輕舟已過萬重山？——江陳會後的兩岸發展與台灣政局」為題發表演講。結束演講之前，他與大家分享這則改編的詞，贏得在場聽眾熱烈喝采，尤其是最後那句「和平最好」，正是吳敦義兩岸觀的核心思想，也是兩岸三地人民之所盼，亦是全世人的最大公約數。演講會場有上千座位，擠得滿滿的，連台階都坐滿了人。

回想大約一年前，馬政府上任不到五十天，二〇〇八年七月四日，兩岸等了一甲子的直航，終於在台灣海峽拉開序幕，開啟兩岸關係第一個機會之窗。

大陸南方航空公司董事長劉紹勇駕駛飛機，跨海而來，成為第一架直航降落在台灣的大陸飛機。劉董事長是大陸唯一具國家一級飛行員的飛航公司高管，與奮搶得松山機場首航的旅客，接受媒體訪問紛紛表示，真的很快，省下至少三分之二的時間和旅程。以前要經過港澳第三地轉機，台灣到大陸起碼要七個小時，有人感到時空交錯下的不真實感，晃若夢境，一個多小時馬上身處異地。

兩岸直航順利開展、擴大，大陸觀光團也大批抵台。本來一個可早也可晚實施的國民黨政見（與中國大陸海峽兩岸簽訂經濟合作架構協議ＥＣＦＡ），變成萬分緊急，攸關台灣命脈的政策，全國都動起來。初始，有馬英九的堅持、院長劉兆玄和經濟部長尹啟銘的全力以赴，ＥＣＦＡ有望盡快簽訂，但是九月劉兆玄辭職後，接棒的吳敦義和經濟部長施顏祥遭遇了障礙，因為八八風災，高雄市長陳菊邀請達賴喇嘛來台祈福，幾經協調，達賴同意活動只限於祈福，但是還是惹惱了中共，中共停止ＥＣＦＡ協商兩個月，後來經過民間及官方再三出面，大陸才同意重啟談判。

大陸雖然非常贊同與台灣簽訂ＥＣＦＡ，但中共不可能對台灣要求照單全收，他們要看是否符合政經大方向的框架，何況，我方要求降低關稅的項目，都是大陸急需發展的，而且都是公營企業的產品。

石化、機械、車輛等主力企業，在中國大陸都是國企、央企、省企。例如中石化，中石油等，權大勢大，富可敵國，在海外到處收購油田及大石油公司，簽ＥＣＦＡ大陸政府也有一定壓力。在台灣與大陸簽協議時，民進黨動輒以喪權辱國扣大帽子，在大陸，也有很多學者專家批評「讓利」台灣太多。

終究，雙方經過一年多的努力，二〇一〇年六月二十九日由海基會江丙坤在重慶市與對岸正式簽署「兩岸經濟合作架構協議」。簽署地點也是經過雙方多次協商，初始，大陸希望簽約地在北京，台灣認為有矮化台灣的嫌疑，故拒絕之。

然後台灣方面提出簽約地點在南京，因南京亦為中華民國舊都，大陸方面亦認為過於敏感未表同意。

也是吳敦義提議在重慶簽約，經雙方商議後確定在重慶簽署，因為：重慶是大陸的四直轄市之一，行政級別與上海相當，不會矮化大陸地位；加上一九四五年中華民國政府首都回遷南京時，已將重慶定位為陪都，就象徵意義而言，對台海雙方算是旗鼓相當。

當簽署完畢，回到台灣，才是困難的開始，民進黨雖然在立法院只有三分之一，但炮火猛烈，堅持要逐項表決，而不是包裹表決。吳敦義很早就與王金平協商，一簽完約，立法院便盡快審議，王金平答應一個星期後，七月初召開臨時會，八月十七日總算三讀通過，九月初生效，讓企業家可以提早三個月享受優惠。他說：「很多法案，都需要王院長來協調。」

ECFA最大受惠者屬機械業，二〇〇九年台中精機，還將一款最新設計生產的車床，取名ECFA諧音「A擱發」，大受市場歡迎，成為當年最紅的機械。

二〇一〇年協議一簽完下半年，台中精機就出現明顯效應。從二〇一〇年第

吳敦義善於聆聽來自企業和民間的聲音。

四季旺到二〇一二年，而且外銷、內銷一起旺，代表大家對投資台灣很有信心，三一一日本大地震後，又有轉單效應。董事長黃明和估計，一年可以省下一億元關稅。

對台中精機這樣的工具機業龍頭來說，簽訂ＥＣＦＡ，等於把台中精機從區域性公司推升到全球公司，以前是台灣對俄羅斯、台灣對泰國等，現在可以靈活運用在中國大陸的據點及全球據點，調配零件，承接訂單，組裝生產。

為台灣注入經濟活水

ＥＣＦＡ對台灣的企業與經濟，助益很大。這項協議如今雖已屆滿十年，民進黨政府仍然繼續享受由國民黨與對岸所簽署的經貿成果。它帶來的優惠不僅限於現有台商，更使台灣企業因為兩岸關係友好，在本地增加投資，例如電子大廠日月光，經過五年的台灣投資，已經成為世界封裝測試的龍頭。對各企業來說，大陸市場可以納入事業發展版圖，台灣企業的全球布局，將會打開一扇全新的機會之窗！護國神山台積電更成為兩岸之橋樑，引來更多外國晶片設計廠商而迅速壯大。

外商投資也打破十年來的冷清，外商在台灣四處尋找投資廠房，因為在ＥＣＦＡ裡要享受降稅利益，必須有原產地證明。例如日本重要電腦控制器廠商發那科，在日本組裝的產品，雖然裝在台灣的工具機裡，仍然不能享受到大陸免稅。

日商發那科二〇一一年五月進駐台中工業區，開始在台組裝，控制器在台灣組裝認定是Made in Taiwan，可以享受輸陸零關稅優惠待遇。不但增加台灣就業機會，台灣廠商也獲得技術移轉。如果，吳敦義當年未推動ＥＣＦＡ，不知台灣今天的經濟發展會是如何？

開放自由行，不僅帶來經濟效益，無形的效益更是悠悠遠遠。

二〇〇八年，政府開放大陸旅行團來台，觀光客人數急速上升，但是旅行團嘉惠的是少數商號，如遊覽車公司、特定珠寶店、茶葉商等。吳敦義上台後，與馬英九商議開放陸客自由行。二〇一一年六月二十八日開始開放，每天五百人，後來增至四千人，自由行多為收入較高、知識水準較高的大陸人，消費能力也較高，對台灣願意做陸客生意的商家是雨露均霑，來台的陸客也更能體會中華文化在中華民國完整地保存、發揚。

例如日月潭玄光寺旁，有個賣茶葉蛋的「阿婆茶葉蛋」，就因陸客來台大發利市。阿婆原名鄒金盆，從年輕就在日月潭畔賣茶葉蛋，一賣就是五十年。她也由妙齡女郎變成阿嬤。二〇一一年之前，生意沒什麼好，因為陸客來了，她的茶葉蛋一天可以賣好幾千個。因為阿嬤賣蛋至關重要，所以日月潭風景區管理處還和她說，如果要休假，麻煩先跟他們講一下，否則太多人問了。

不料，二〇一六民進黨重新執政後，兩岸關係急凍，陸客大量減少，金盆阿嬤的茶葉蛋生意也告一落千丈。

▼Inside Story

助AIT新館順利興建

二〇一九年六月十二日AIT（美國在台協會）內湖新館落成，風光啟用；然而新館當初啟建時，曾遭遇不少困難，吳敦義接任行政院長後全力折衝協助解決，才告順利興建。這對增進美台關係，具有重大意義。

原在台北市信義路的AIT，因為房舍老舊，加上台北市議會已決議將該筆土地收回，必須另覓土地新建館舍，經多次會勘，選定遷建至台北市內湖區。

經多次協商，二〇〇一年七月，正式確認由我方外交部負責取得土地，並協洽有關單位依法辦理變更都市計畫及清除地上物，再出租給AIT自建辦公處。雙方簽署租約，並自二〇〇五年一月一日起生效。新址原本計畫於二〇〇八年底或二〇〇九年初完工。AIT新館雖為辦公處所，建築多元，大概是台灣最特殊的辦公大樓及停車場、領務區、維修保養廠、綠地及籃球場等，實質上等同美方駐外使領館，為多功能堡壘式建築，不但要能防恐攻、抗偵測，其結構、建材及許多先進設備均屬特殊，更具有機密性，在中建照過程遭遇不少困難，因而延宕數年仍然無法動工。

二〇〇九年九月，吳敦義出任行政院長後，時任AIT台北辦事處楊甦棣處長，特地到行政院拜會吳院長請求協助。吳院長聽取說明後，為尊重國際慣例及美方保密需求，當場指示內政部採「特種建築物」專案，陳報行政院核定方向處理，並責由行政院祕書長林中森協調有關單位全力協助，吳敦義豐富的行政經驗及效率再次展現。

不到三個月，AIT內湖新館施工難題就圓滿解決，郝龍斌主政的台北市政府於二〇一〇年四月同意開工備查，由專業美商承建，施工期程長達八年，耗資二億五千多萬美元，是僅次於美國駐伊拉克巴格達大使館之大型堡壘式使館工程。過去四散各處的台北AIT相關單位從此集中辦公，提升服務功能與效率。

Chapter

12

不只是備胎

——求同存異，兩岸和平

他和馬英九保持君子之交，也保持總統、副總統分際，「副總統就是備胎，四個輪子好好行駛就好，」吳敦義自嘲地說：「我不會希望爆一個輪胎，讓備胎可以補上去。」

二〇一三年二月九日，與馬英九總統一同出席「法鼓山除夕聞鐘聲祈福法會」。

二〇一二年二月六日，吳敦義主持行政院長任內最後一次院會，會中通過世界大學運動會選手村土地取得事宜，讓世大運設施如期開工。二〇一七年八月，第二十九屆世界大學運動會在台北市舉行，是世大運首次在台灣舉辦，也是台灣有史以來主辦層級最高的國際體育賽事。

接著，吳敦義率領全體閣員總辭，閣員一起合影留念。這次閣員的心情和兩年多前劉兆玄時內閣總辭大不相同。

回想二〇〇九年九月十日，當時劉兆玄因為八八風災辭職，全體閣員在拍合照時，天空突然飄下雨絲，拍完照後，劉兆玄向閣員深深一鞠躬，謝謝大家四百七十八天的辛勞，女性閣員勞委會主委王如玄、體委會主委戴遐齡、法務部長王清峰都流下眼淚，劉兆玄此時受到情緒感染，也開始眼眶泛紅。

「二〇一二年這次氣氛的完全不同，是要升官了，要前進總統府了，大家心情都很好，恭喜他。」王如玄說。

的確，現在回想起來，在馬政府時代，吳敦義行政院長任內堪稱國泰民安，在「幹將」之餘也算是「福將」。

雖然高升副總統，吳敦義反倒是有些悵惘，他愛做事，愛解決難題，愛為人民謀福利，行政院長其實是他最適合的職位。

二〇一一年擔任馬英九競選搭檔

但是，二〇一一年四月馬英九宣布競選總統連任以來，幾次與他會面，再三希望能找他搭檔做副總統。因為副總統蕭萬長在二〇〇七年與馬英九搭檔競選前，已承諾只做一屆，尤其，蕭萬長在副總統任期的第二年，就被診斷罹患肺腺癌，後來雖然治癒，但他堅守自己諾言不變。

馬英九急於找副手，金溥聰做過幾組副總統候選人搭檔民調，除了吳敦義之外，還有「A級總裁」中央銀行總裁彭淮南等人，民調都是吳敦義領先，但他一再婉拒，國事蜩螗，細密雜煩，最適合他的職務就是繼續擔任行政院長，然而，馬英九再三說：「只有我們兩個人都印在選票上，我才放心。」

為了國民黨的前途，為了中華民國的前途，他答應了。

2012年，宣誓就任中華民國第十三任副總統。

2012年5月20日，與太太蔡令怡出席正副總統就職典禮。右起為時任行政院長江宜樺、前任副總統蕭萬長、總統府資政趙守博，左一為時任新黨主席郁慕明。

吳敦義說：「和馬英九搭檔，我很安心，因為他公忠體國，這是很重要的領導特質。」

二〇一一年六月十九日，馬英九宣布吳敦義為副手，馬英九提出的理由相當平實，也確實地凸顯了吳敦義的特點：「行政院長上任以來，確實能以民眾為念，對地方民意掌握相當精確，有悲天憫人的情懷。」

獲提名為馬英九副手後，他仍照常處理政務，公餘之暇加入輔選行程，終於在二〇一二年一月十四日，馬英九與他當選總統、副總統。

參加博鰲論壇，提出「十六字箴言」

沒幾天，吳敦義即思考何時是請辭閣揆的最佳時機，照理他可在五二〇之前辭職即可，過去還有連戰以副總統兼任行政院長的先例。但他希望給馬英九更多時間考慮行政院長人選，而二月底立法院就要開議，他如去立法院做施政報告，是以行政院長身分，還是以副總統當選人列席？也會給政敵很大攻擊空間。

辭去行政院長到正式就任副總統之間，有三個多月的時間，他忙著謝謝選民，謝謝幫忙助選的朋友，這是他的習慣，當時馬英九仍是現任總統，還得處理諸多國政，不少行程只得他去代勞，也順道聽聽民間的聲音，喜歡忙碌的他說：「每天行程如流水帳，不值得記也。」

其中，最具意義的是，參加了四月一日至三日在大陸海南島舉辦的「博鰲論壇」。為了降低政治意味，他以兩岸共同市場基金會「最高顧問」的身分出席，雖然是錢復擔任總團長，但是即將就任的副總統最受矚目，有通關特別禮遇，開幕時坐在第一排，更精采的是他與李克強晤談一個多小時，一個是準副總統，一個是未來國務院總理，未來的兩岸「二把手」會面，談什麼，備受各界矚目。

吳敦義在會中提出十六字箴言：「求同存異，兩岸和平，講信修睦，民生為先」，言簡意賅說明了台灣的立場和想法。

聽完十六字箴言，李克強隨即回應：「兩岸和平是我們共同的責任。」顯示大陸方面亦表贊同。李克強還承諾，此次會談確認增加對台農漁牧產品採購，並正面回應兩岸貨幣清算機制、投保協議、保險和證券業監理平台的建議。

2012年4月，參加博鰲論壇時，與李克強晤談，當面提出十六字箴言：「求同存異，兩岸和平，講信修睦，民生為先」。／達志影像提供

「吳李會」共有台灣三十多位代表參加，包含鴻海集團董事長郭台銘、國泰金董事長蔡宏圖、遠東集團董事長徐旭東；大陸則有二十幾位代表與會，這麼快就有成果，而不再是只得到對岸一句「我們再回去研究研究」。

吳敦義當年在《遠見》雜誌專訪時，深刻剖析了「十六字箴言」，表面看似簡單，背後卻蘊含了高度的深意，其中的每一個字，都經深思熟慮，和馬英九商量幾次，字斟句酌已久，甚至兩易其稿。

「求同存異」是潛台詞，是一中各表。「一中各表，就是他們表他們的、我們表我們的，不要變成一中亂表，或是一中互表。（現在應該加一個一中同表）」

大陸看到「一中」就放心，我們看到「各表」才安心，這四個字，他認為是兩岸分治六十年來，經過多少驚濤駭浪、淬鍊出的智慧，很好用的。吳敦義說：「先把爭議用盒子裝起來，外面用九二共識貼住，把爭議鎖住。這樣兩岸共同防治犯罪、直航、大陸客來台等，才能談。」

出自〈禮運大同篇〉的「講信修睦」，是他用盡腦汁想到的，它的上一句是「選賢與能」，就是民主的目的是選出賢與能，「修睦」不只是講兩岸，也指大陸，大陸現在已經是世界第二大經濟體，在軍事、金融各方面的力量都壯大後，更加要敦親睦鄰。

最後一句的「民生為先」，也有所本。民生是孫中山先生三民主義的民生主義。他講「民生為主」也是在告訴中國大陸，當時台灣也有很多人主張要趕快進入政治對話，但條件還不足，時機還不成熟，對比後來馬英九的大陸政策，不出此軌道，馬英九與吳敦義兩人都沒有「暴衝」。

兩個不沾鍋

吳敦義請辭後，馬英九任命原行政院副院長陳冲繼任閣揆，新閣上任之初政府團隊士氣甚高，但隨後因為復徵證券交易所得稅及油電雙漲等政策，民怨似乎使政府士氣低落。

溫文儒雅的陳冲院長辯護力道稍弱，讓人想起吳敦義擔任行政院長時，一夫當關的氣勢，和立委們舌戰頻頻，每問此感想，吳敦義就說：「你正在引導我去踩那條紅線，我說過我不做對時政的評論。」他不慍不火地說：「只有挑水的人，才能體會挑水的感覺，我現在不是挑水的人。」

二〇一二年五月二十日，中華民國第十三屆總統、副總統就職，吳敦義進入副總統辦公室，他沒有變動辦公室桌椅及方向，也沒有更動任何擺設，很快交代行文國安局，取消副總統車隊外出必須有紅綠燈交通管制的規定。所以他的車隊行駛路上，無論在哪個縣市，都與所有平民一樣等紅綠燈。

「我不是總統，沒有那麼緊急不能等的國事。」吳敦義說。

就如在行政院院長時，沒有住進金華街的院長官邸，當了副總統吳敦義和夫人也沒有住副總統官邸；副總統官邸在仁愛路，是在扁政府時期正式設立，原為已故副總統陳誠寓所，陳誠兒子陳履安兄弟共同捐出交政府使用，前副總統呂秀蓮在此住過數年，總統府並依呂副的喜好，在副總統官邸主建物兩側，各修建了蓮花池及竹林步道。

但再優雅寬敞，吳敦義覺得還是自家最舒服，下班後習慣回自己已住了快四十年的家，官邸只做宴客用，此舉為政府每月省下二十餘萬的官邸電費。

他和馬英九保持君子之交，也保持總統、副總統分際，吳敦義回憶：「馬英九有空時，會溜達到我辦公室轉轉，聊聊天，但我不能隨便到他辦公室。我們每一個星期吃一次便當，其他有事溝通，都得透過他的祕書和我的祕書約時間。」有人就打趣，兩個不沾鍋在一起，保證彼此都不會有沾粘。

「我對時政會建議，行政有行政院長，國家方針有總統，副總統不宜說三道四，更不能干涉政務，依照憲法，副總統是備位元首，」吳敦義說，但到底是「備」到什麼程度？各國有各自的做法。

王金平司法關說案

「副總統就是備胎，四個輪子好好行駛就好，」吳敦義幽默地說：「我不會希望爆一個輪胎，備胎可以補上去。」

總統府萬事紛雜，難道輪不到副總統管嗎？

府內事有祕書長負責。發布法令、人事令都是總統職責，當然不用副總統代勞，總統不在呢？例如馬英九常到友邦訪問或者出席馬習會，「我只是看家而已。」講到這些，他成了省話一哥：「你總不能趁他出國，任命一個參謀總長，或行政院長，這是政變。」

「他是政治才子，做副總統很委曲，」天仁茗茶創辦人李瑞河說。「我知道這個職位的設計無法讓他發揮長才。」馬英九為本書接受獨家專訪時也說，「連總統不在，副總統也沒有權力代簽屬於總統職權的公文。」當時因洪仲丘事件引發廢除軍法審判的公文，都是專人送到美國紐約（那時馬英九出訪在紐約過境），馬英九簽字後，才送回台灣發布。

吳敦義說，當副總統可以批到的公文，不到當行政院長時的百分之一，不是他喜歡批公文，體制就是這樣。

「但是我有建議權，如果我看到什麼重大問題，我不聞不問，也是失職。」他也有「提醒權」，基於彼此的信任，馬英九會找他商量一些人事案，遇到他確實知道的，他會「提醒」馬英九，但絕不臧否人事。

馬英九在第二任總統任內成立了「五人小組」，包括總統、副總統、立法院長、行政院長、府祕書長，吳敦義也善盡言責，該提醒的提醒，該建議的建議，但強調「我不會做決策，也不會堅持己見。」

他幾次建言和提醒都是在最危急場合：第一次重大事件，是二〇一三年馬英九召開記者會，譴責王金平司法關說。

根據蕭旭岑所撰寫的《八年執政回憶錄》所述，二〇一三年八月三十一日晚間，檢察總長黃世銘進入總統官邸，向馬英九總統報告說，特偵組監聽到立法院王金平院長為柯建銘案件，打電話給法務部長曾勇夫，涉及司法關說，這是非常嚴重的事。黃世銘將通話譯文與法官林秀濤證詞交給總統，並告知總統預定在九月六日召開記者會。

過了兩天，九月二日，馬英九召開府院黨五人小組的例行會議，王金平向馬英九表示，因為二女兒出嫁，將自九月六日起請假五天出國。

二〇一三年九月六日早上，王金平登機前往馬來西亞。同日，特偵組舉行記者會中對外公布部分監聽內容，引起國內議論紛紛，頗有山雨欲來風滿樓之感。

最大的風暴是九月八日下午馬英九舉行的記者會，馬認為國會議員關說司法是世界級醜聞，「妨礙司法公正」（Obstruction of Justice）在英、美國家都是重罪，在香港甚至可以判無期徒刑。

「當天，我在南投。」吳敦義一早就到日月潭主持萬人泳渡鳴槍儀式，這是他在南投縣長任內創辦的，鳴槍完畢，他到南投跑行程，接到電話通知要他盡快返回總統府，總統有要事相商，他趕緊坐上國安視導車馳至台中搭乘高鐵回台北。趕抵總統府，他先與馬總統會面，大致上了解馬英九準備開記者會的決定，「我當場表示反對，建議等王金平回來再處理，因為事緩則圓。」他說。

吳敦義說：「在此之前，我多次與馬英九說，我在做行政院長時，王金平盡心盡力協助行政院送去的法案，這些也是馬總統想要推動的法案，例如我請他提前召開臨時院會審議通過ＥＣＦＡ，這樣民間企業可提早享受ＥＣＦＡ所帶來的關稅減免，當時王金平人在澳門，都一口答應。」

馬英九接著與吳敦義及江宜樺開會，吳敦義見馬英九已下決心，於是拿起鉛筆改動新聞稿內容，希望語氣緩和些，正在修改的時候，羅智強副祕書長走進來，催著馬總統說樓下記者已經在等了，馬總統於是起身往外走，「我們跟著馬總統，腳步沉重地走到記者會場。」吳敦義說。

現場的記者都報導馬英九站上台一字一句念出聲明稿，吳敦義與江宜樺面色凝重，「我怎麼可能不憂慮，如此大事，我很擔心，馬王關係不會恢復了，也連帶會改變整個國民黨。」

太陽花示威事件始末

半年後，當全國還在紛紛議論「馬王政爭」時，一批大學生（民進黨多位立委、幹部作為後盾）為反對「海峽兩岸服務貿易協議」衝進立法院，占領、靜坐議事廳多天，就是所謂「太陽花運動」，本來容易有解的示威，延誤多時，竟演變成不可收拾的局面。

王金平一再表明不願警察進入立法院，也拒絕在立法院周邊搭設蛇籠。馬英九說：「那就讓王院長來處理，警察不要輕率進入！」

三月二十日晚間六點，馬英九找吳敦義、江宜樺商議。「我在會中建議，案子可以退回委員會，由兩位召委共同主持，如此一來，民進黨會比較有面子，接著我也建議總統，動用《憲法》第四十四條，找王院長來商量。」《憲法》第四十四條規定，總統對於院與院間之爭執，除《憲法》有規定者外，得召集有關各院院長會商解決之。這就是俗稱的「院際爭執調解權」。

吳敦義嚴守他的建議權，誠然，如果他不建議，遇此攸關國家興亡事件，也是失職。

馬英九接受建議，邀請王金平隔天入府會談，王當場應允，但後來卻送來一信，表示不便前來。

時隔六年半，美國國會也發生類似占領國會事件，電視實況轉播，美國總統川普的大批支持者衝進國會，控制了參議院議事廳，還破壞眾議院及議長裴洛西的辦公室。絕大多數議員嚴詞斥責示威者，並且支持公權力恢復國會運作。相當於我國立法院長的美國議長，更是在恢復議事時說，「你們（示威者）沒有勝利。自由獲勝，這裡仍然是人民的家。回去工作吧！」

但是太陽花示威，最後演變成二十三日晚間學生攻占行政院（等於在美國占領白宮），這已不是藍綠的問題，而是政府中樞被占領，形同政變。當晚民進黨主席蘇貞昌與前主席蔡英文都到場聲援學生。

當天深夜，江宜樺下令依法驅離入侵行政院的學生。由於多位民進黨高階都在場靜坐，增加了警方執法的困難。

二十四日一早八點，馬英九召集高層會議，力挺江宜樺的決定，並重話譴責占領行政院的群眾。

「國人對占領立法院勉可容忍，可以尊重國會處理，」曾做過行政院長的吳敦義嚴辭表示：「但是，行政院是國家的運作中樞，沒有哪一個國家可以接受暴力占領，動用公權力絕對有其必要。」

吳敦義也說：「我也提到要嚴防罷課，另外，我也建議要去看國民黨榮譽主席連戰先生，請連先生去勸勸王金平，看他是否能與府院合作處理。」

他的建議很多被採納，有些礙於實際，不能做，但他盡了力，就無愧於心。

願歷史有情於中華民國

當年十一月地方縣市長選舉，國民黨大敗，有很多人勸吳敦義選二〇一六年總統。

不輕易讚美政治人物的《新新聞》創辦人周天瑞，是他的台大歷史系同班同學，認為吳敦義有歷史承擔，懂得對歷史、對信念負責，願意走在前面，為將來而活。

因此在吳敦義任副總統期間，周天瑞曾與他談論選總統事，想藉此讓台灣跳脫或免於法律人繼續主政的局面，以產生第一位人文背景的總統，二〇一四年後曾請公關公司（不是慣常幫國民黨操盤的公關公司，而是一向擅長形象塑造的民進黨政治行銷高手）寫企劃案，調整他的形象。「哪知他完全不為所動，甚至可能連企劃案都沒看。」周天瑞說。

也有很多人要他切割馬英九，但是吳敦義從沒有，有人說，你可以藉別人的口臧丕馬英九，他更不肯。別人可以罵，他不能。因為，黨祕書長、行政院長、副總統，沒有一個不是馬英九拉拔他做的，使他有機會證明自己的能力，他不能為了大位，不顧道義。縱使到二〇二〇年，他仍然堅持「馬榮我則榮，馬枯則我枯。」

二〇一六年，已經被提名競選總統的洪秀柱遭到撤換，朱立倫倉促成軍，國民黨總統與立法委員選舉不出所料慘敗，而二〇二〇年韓國瑜加上國民黨區域立委的選舉亦是大敗。期間國民黨唯一出現生機的是二〇一八年九合一大選，在吳敦義主席任內，他運籌帷幄、調和鼎鼐，跑遍全省及金門、馬祖，為國民黨贏回十五個縣市長、十九個縣市議長，帶來國民黨從谷底爬升的契機。

而現在回想，二〇一二年如果吳敦義繼續當行政院長，政局也許就不若今日如此動盪，以他的決斷力及溝通力，必定會化解白色示威人潮，太陽花運動的震盪也會降至最小。

2012年出訪中美洲，抵達貝里斯國際機場，接受軍禮歡迎。

2014年出席教廷封聖大典，向教宗聖方濟致意。

2014年出訪教廷，拜會馬爾他騎士團馬哲立總理兼外長。

2012年8月，出訪中美洲，由吳建國（左一）陪同拜會貝里斯總督楊可為。

2012年2月，獲一等卿雲勳章。

2016年5月，獲頒中正勳章。

Chapter

13

「義」起團結拚過半

——從爭霸黨主席到賣力輔選

有人說，「在黨這樣內憂外患時，你不出來，對得起這個黨，你這樣還能算經國先生的門徒嗎？你對得起一票一票投給你的選民嗎？」

午夜夢迴他天人交戰，從床上披衣起來，回想白天所看所聽，決定承擔黨主席重責。

二〇一七年的國民黨主席選舉，吳敦義從宣布參選至投票只有四個多月，卻獲得很多黨員的支持。／黃世麒攝　中國時報提供

二〇一七年元月九日，台大國際會議廳，講完了四十分鐘的參選感言，吳敦義從口袋拿出藍白相間的手帕，頻頻擦拭汗水，一方面會場擠滿了記者、立法委員、中常委等；另方面深覺自己要帶領這個逾百歲的政黨重新出發，責任確實重大。

一如往常，沒有讀稿機，也沒有講稿，他把自己參政經歷、政績及競選理念精巧地串起來，平實，誠懇，沒有奇巧話語，「他實在沒有『烏龍轉桌』（台語，意指信口開河）的本領。」一位親近幕僚如是說。

國民黨有難，焉能袖手旁觀？

從二〇一六年五月二十日，吳敦義把副總統印信交給繼任副總統的陳建仁後，四十五年從政生涯暫時告一段落，責任大幅減輕。同天，他遷入南京東路台玻大樓的第十三屆卸任副總統辦公室，就開始人來人往了，每天絡繹不絕的人，都是要說服他競選黨主席，讓國民黨能夠重返執政。

「那時辦公室整天都擠滿人，座位不夠，我還臨時到外面買了五十個板凳。」蔡令怡說。

此時，他過著悠哉生活，爬山、看書，與舊識聊天。副總統禮遇也讓他生活無憂，唯一困擾的是，出門去還得有前導車，因此除非公務他也很少外出，不願麻煩隨扈及當地警察，能簡單就簡單，一如他樸素卻整齊的衣著。

二〇一六年，整年他聽了很多勸進聲，後期聲聲強，聲聲急，多為「你是最有資格的人」、「最能帶領國民黨走出二〇一六年陰影，重新執政的人」，從北到南，從東到西都有，非常多相識、不相識，直接、間接，幾乎不同領域的朋友鼓勵他。到美國訪問，出席的人都要花六十美元買入場券，更令人感動的是很多僑胞都得開三、四個小時車才能到場，僑宴車水馬龍，洛杉磯、紐約、舊金山、休士頓，場場如此，洛杉磯在影城希爾頓大飯店舉行，來了七百多人。「大家知道吳敦義沒錢請客，必須自費，」他事後在參選黨主席記者會中自嘲：「比起之前用公費去訪問的候選人，這次來的人更多。」

很多人苛責他猶豫不決，其中有一封來自陌生人的信，裡面說：「吳先生，你做過台北市議員，南投縣長，黨又給你做立委、行政院長、副總統的機會，在黨這樣內憂外患時，你不出來，對得起這個黨？你這樣還能算經國先生的門徒嗎？你對得起一票一票投給你的選民嗎？」

那真是天人交戰，午夜夢迴從床上披衣起身，回想白天所看、所聽，想到國民黨自他二十五歲開始栽培，直到副總統為止，國民黨幫助這個南投農民之子、白色恐怖受難者之子達到此位置，國民黨有難，他焉能袖手旁觀，不出來承擔這個責任？這樣他真的還能以經國先生的門生自居嗎？「各方的壓力，我簡直無法抵擋。」吳敦義說這是他非得參選不可的緣故。

吳敦義競選黨主席的起手式隆重，因為他是在洪秀柱和郝龍斌之後才參選，所以特別要有「後發」優勢，是所有參選人起手式最盛大的，台大國際會議中心的會場，當天擠得滿滿的，很多位中常委和立法委員都來了，難免讓媒體聯想，這是他在為二〇二〇總統選舉鋪路。

但是起手式只是第一個關口，在旁邊默默幫忙的蔡令怡，第二天就開始打電話給全台友人，請他們在各縣市成立競選辦公室，她說：「這都是平日常聯繫的

2016年9月，吳敦義拜訪洛杉磯、紐約各地，受到僑界歡迎。

朋友，從政後，我們到任何縣市，參加活動之餘，都會去探視舊時幫過忙的人。」

無奈的就是阮囊有些羞澀，吳敦義清廉自持，競選經費有限，幫忙的人都是志工，例如馬、王、洪、郝、宋都熟的楊建綱，還有立委及前立委（李慶華、李慶安、鄭麗文、張顯耀等等）、學者（林火旺、江岷欽等）、媒體人（唐湘龍、陳鳳馨），還有退將陳鎮湘等數十人，工商聯祕書長陳仲隆負責企業的串聯。加上各地議員、議長、黨代表及地方人士組成蜘蛛網式的黨員人脈，都是吳的基本盤。

小市民也積極幫忙，有位叫陳甫的志工，從吳敦義做高雄市長時就開始觀察他，默默支持他，陳甫在臉書寫了「重新認識吳敦義」一系列文章十六篇，希望把吳敦義行事風格、重大政績介紹給全國的國民黨員。

最佳助選員「令怡姐」

國民黨成立百多年來，這次主席選舉競爭最為激烈，一共有六位候選人，除吳敦義，還有當時的黨主席洪秀柱、副主席郝龍斌、前副主席詹啟賢、前立委韓國瑜與前立委潘維剛。雖然外界認為吳敦義「馬王通吃」，擁有馬英九和王金平支持，但馬和王始終保持中立；而他與本土政治人物互動雖多，但是郝龍斌的人脈也不差，北中部都有關係，詹啟賢更擁有全省醫界力挺；儘管吳敦義擁有最強資歷，但這場選戰並非探囊取物也要得到各方支持。

「投入任何選舉，他都要有充分把握，才會出手。」了解他從政脈絡的幕僚這樣說。

吳敦義這種求全個性，給人有些決定不夠明快之感覺，在高雄市長任內即曾被議論，例如第二任民選市長就太慢宣布參選，投入選戰匆忙上陣，在他自己事後所做的敗選原因檢討裡，也將此項列為首項。

了解內情的人為他辯護：個性使然，尤其一生都打勝仗，又好強，已經到了副總統位置，當然不宜輕易出手。

二〇一七年的國民黨主席選舉，訂於五月二十日投票，從他宣布參選至投票只有四個多月，時間如此倉促，吳敦義必須萬箭齊發，海陸空全部上陣才足以致勝，他的另一半蔡令怡，親切隨和、但也自有定見，美感獨特。平時就常辦理全國婦女成長營，培養婦女領導知能、提升文化涵養。她說：「媽媽的智慧影響孩子的一生，所以每次辦完活動雖然很累，心情是充實而愉快的。」

吳敦義選黨主席，「令怡姐」領銜操盤文宣、媒體、網路，活動讓人耳目一新，氣勢翻轉。在一九八一年選南投縣時，蔡令怡設計了候選人的手搖旗，蔚為風潮。這次她和團隊把吳敦義從老牌政治人物搖身一變為潮牌流行詞，還成為「谷歌」熱搜榜第一名政治人物。

可惜，吳敦義礙於多年習慣，堅持留平頭，不染髮，也不換眼鏡，喜歡穿中腰寬褲。每次穿T恤還扎進褲子，連馬英九都幾次告訴他這是「不潮」的穿法，蔡令怡最後不再堅持：「改變太多，就不像他了。」

根據《時報周刊》的報導，熟悉政治運作策略的吳敦義，競選黨主席的戰略大致分幾個要點：

一、單線進行，複式動員。黨內選舉人脈重疊嚴重，他領導每條線直接跟他匯報，同樣事，好幾線在做，串起來像粽子，發揮一加一大於二的力量。

二、綿密的人脈外加見面拜會請託，才能發揮作用。年輕以來他就堅持每天鐵人行程，競選期間四個月裡環島三回合，蔡令怡更直攻眷村、國宅，透過婦女系統，地毯式拜票，深獲婦女心。

三、大膽啟用新人，完全授權信任。專攻黃復興票源的「奇策盟」，由台灣出路執行長柯家聲主導，配合多位壯年退役將官、校官，搶到很多黃復興黨員。新媒體空軍的建置，Facebook 有多個支持他選黨主席的粉絲專頁，網路義工為數眾多，燦如繁星，多是由熱情支持者主動、志願發起。

在三月中，由潘恆旭主持的吳敦義「義氣」官方臉書啟用，聲勢浩大，到五月時，粉絲就已破了十一萬，活躍度超越郝龍斌。「義氣」小編謝衣鳳、陳廷昌、張靖等年輕人，為吳競選的年輕亮點。

四十年磨一劍

競選初期，他已明確喊出自己的定位：「義」起團結拚過半。根據國民黨主席選舉辦法規定，第一輪投票如果沒有人得票過半，黨員必須就前兩名高票者進行第二輪投票，再由得最高票的當選主席。而從歷史經驗觀察，如果第二輪投票就會引發嚴重分裂，他不希望因為進行二輪投票，國民黨在他手上分裂，於是蔡令怡最後一波文宣想出了：「挺義黨員站出來，520一輪拼過半」，讓支持士氣大振、聲勢拉高，也讓當時不信一輪會過半的人，覺得不可思議。

吳敦義選前攻勢不斷，與國民黨中央委員連勝文同台參加「青年會義」座談，連勝文讚吳「呼聲最高、希望最大」，包括台北市議員徐弘庭、中常委李德維等連系人馬都到場，多名企業主也與吳敦義召開「工商界挺義」記者會，工商協進會理事長、台玻董事長林伯豐推崇吳是「最佳黨魁人選」，能讓台灣再度經濟起飛。

這次選舉，很多與「6」字有關，參選抽到六號的吳敦義，在上節目時恰好又在第六攝影棚錄影，家鄉南投草屯通往日月潭的是國道六號，愛喝高雄六合夜市的木瓜牛奶，加上造勢晚會在六點開始，「6」對他真是六六大順嗎？是勝利代碼嗎？

那年五月十九日傍晚六時，選前最後一夜，是個「騰雲似湧煙，密雨如散

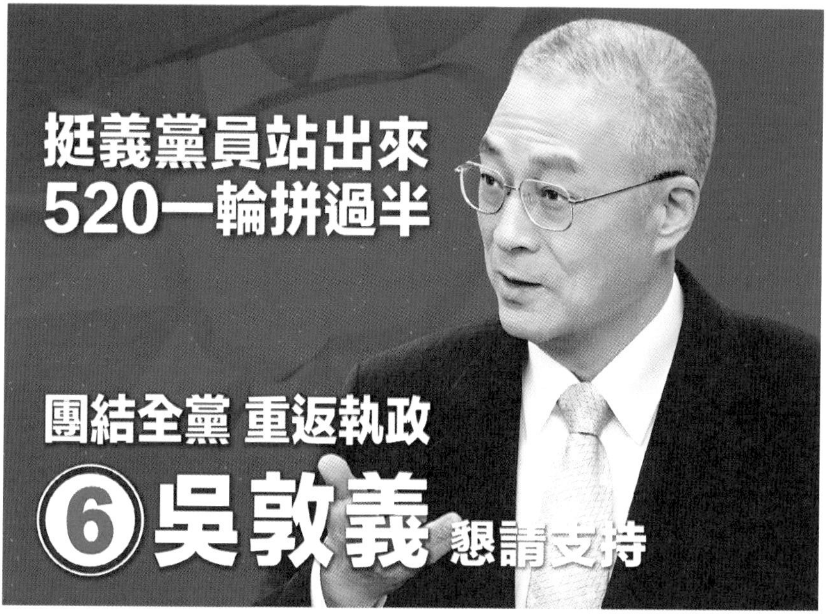
挺義黨員站出來
520一輪拼過半
團結全黨 重返執政
⑥吳敦義 懇請支持

2017年的文宣提振士氣，讓吳敦義在國民黨的主席選戰中一輪過半。

絲」的夜晚，吳敦義及競選團隊在新北市板橋第一運動場，舉辦「義起團結拚過半」晚會，大雨不歇卻湧入一萬多名黨員，立委、議長、議員、退休將校軍官、青年婦女、工商業及中常委助講。馬英九也到場力挺，細述他與吳敦義認識了半個世紀，早在高三時就知道有「吳敦義」這號人物，因為就讀台大歷史系二年級的吳敦義，文筆非常好、理念十分清楚，因此獲得蔣經國約見，「他當初即對國家、社會都有很強的承諾」。

即連在立法院首先掀起武打之風的民進黨前立委朱高正，也在會中稱許吳敦義手腕圓融，擔任行政院長時表現極佳，是民進黨最怕的對手，所以才會不斷被民進黨及黨內對手醜化、攻擊。

那晚，台北的天空很國民黨，其他候選人也分別辦活動互別苗頭。

吳敦義這場造勢大會，和他的每一場競選活動一樣，結束後都不能留下一堆垃圾，蔡令怡領著志工收拾會場，天空仍然下雨不停，一位企業界人士看到蔡令怡身上的T恤別上的國旗圖案淋濕了，雨水順著國旗色彩染紅了蔡令怡的T恤，但她還是只顧著彎腰收拾椅子和會場垃圾。目睹副總統夫人如此簡省，如此衝鋒，很是感動，「從此，我決定要長期支持他們，」這位企業界人士說。

五月二十日，全國五百零七個投票所同步投、開票，晚間九時結果出爐。吳敦義得十四萬四千四百零八票，得票率五二・二四%，獲得過半票數順利當選。洪秀柱五萬三千六十三票，得票率為一九・二%；緊接著是郝龍斌四萬四千三百零一票，得票率為一六・〇三%；韓國瑜遠落於三人之後，只拿到一萬六千一百四十一票，得票率為五・八四%；詹啟賢與韓國瑜差不多，得一萬二千三百三十二票，得票率為四・四六%；潘維剛二千四百三十七票，得票率〇・八八%。

吳敦義果然一輪過半，六果然是他的勝利密碼，連南投開出來，投吳敦義的票也是六六六六票。更重要是四十年磨一劍，「吳式真功夫」徹底展現。在發表勝選感言時，他說要竭智盡忠、全力以赴，也表示全黨一定要團結，不然就沒有任何機會，並要持續做有效監督的在野黨，並尊重一九九二年兩岸達成的「九二共識，一中各表」。

次日，吳敦義即開始實現促進團結諾言，他經歷過多次選舉，了解不管得多少票，每一票都是候選人心血的結晶。理應先拜訪洪秀柱、郝龍斌，但是兩人都回說當天不得空，所以改去拜訪韓國瑜，雖然吳敦義過去與他不太熟，也肯定他是個戰將。

黨務改革

黨主席交接期間，雖然有不快傳聞，例如洪秀柱欲提前交接、中央委員改選提名問題，雙方陣營有不同意見，但最終還是團結在這個百年老黨之下。八月二十日吳主席正式上任。

吳敦義從宣布參選到當選，很少露出笑容，縱使勝選夜，也面色凝重。當時民進黨已對國民黨大肆追殺，東廠處處，兩岸關係急轉直下，凍結國民黨黨產，雖然法律有諸多爭議，但是民進黨已全面執政了，「藉轉型正義之名，行獨裁之實，」吳敦義憤憤地說：「台灣已是民主，就像車子已行上中道，只要繼續往前走即好，否則強力往左轉或往右轉都會掉入懸崖。」

黨產被沒收或凍結，主席必須每月籌措約二千多萬元，但借貸對象還得有些基本原則：一、盡量沒有跟政府做生意。二、財務健全者。三、不曾違過法。這樣篩選下來，對象不多，主席也得更辛苦了。

根據南台科大財法所教授兼所長羅承宗在「思想坦克」登載的一篇文章說，國民黨真正需要的兩箭：人事精簡、組織改造。

羅教授在文中指出，國民黨最大問題是吃黨飯者眾，以國民黨二〇一八年的收支餘絀表為例，光是人事費就編列高達十七億五千萬元之譜，其中有十五億九千萬元是支付「已退休員工」的「退職金」，也就是退休金，高達國民黨人事費的九〇%。羅承宗所指或為事實，然而，退休黨工能不照顧嗎？

其實，還沒有上任，吳敦義從七月起就已著手黨務改革構想，最重要的是地方黨部主委由黨員直選案。這個研究、提議、中常會決議已久的黨內民主化的重要里程碑，終於在他手中開啟了。

二〇一七年七月十八日，吳敦義正式上任前一個多月，國民黨代理祕書長曾永權召集黨章研修小組以及直轄市、縣市黨部主委直選小組，開會討論地方主委直選辦法。第一階段包括台北市、新北市、桃園市、台南市、新竹縣、屏東縣、台東縣、花蓮縣、金門縣、連江縣等。

為什麼選擇這些縣市呢？台北、新北都是首善之都，要做直選表率，另外以二〇一八選舉勝選為前提，凡是有可能產生競爭衝突的，導致影響二〇一八選舉的地方，一律安排到第二階段再辦理主委選舉。十月十五日舉行十個縣市主委直選，大底無啥爭端，台北市是前民政局長黃呂錦茹以一千票差距，勝過台北市議員鍾小平；新北市由李乾龍競選成功；台南市也由知名度高，打出「一生只監督一人（賴清德）」旗號的市議員謝龍介，以絕對的多數當選。屏東縣黨部也是曾任立委的廖婉汝當選。

選任的地方黨部主委，除了要肩負現行經營地方、選戰布局、提名人選及輔選等任務外，最大責任便是要「自負盈虧」，負責地方募款重責大任，自籌地方黨部黨務運作、人事聘用薪資等一切必要經費。儼然是地方的「小黨主席」。

在這之前，吳敦義一共任命了二十二位地方縣市黨部主委，其中有一項任命當時沒有引起廣泛注意，即是韓國瑜出任高雄市黨部主委。

2016年，受國民黨在美國西南支部的邀請前去拜訪。

2017年11月，在訪問泰國行程中，特別拜訪泰緬孤軍，是唯一前來此處的黨主席。

輔選不遺餘力

韓國瑜雖是黨主席選舉時的競爭對手，但吳敦義絲毫不在意，他有為黨舉才的大度胸襟，所以派韓國瑜去高雄打天下。

八月下旬，吳敦義在卸任副總統辦公室找韓國瑜來晤談，那時的韓謙和有禮，「他坐在客人座位第三個位置，中間沒有人坐，沙發也只坐一半。」吳敦義指著韓坐的那個位置，接受專訪時說：「我問他，去高雄當黨部主委，你願不願意去？他回答願意。接著我又問他半年後，如果你表現好，願不願意競選市長？他回說只要主席指派我，我都願意。」

有了市黨部主委這個職務，韓國瑜才有機會至高雄開疆闢土，並於二〇一八年順利當選高雄市長。但是，就任市長後五個月即宣布參選二〇二〇年總統大選，很多國人不能接受這種「大躍進」，以致以將近二百六十五萬票的差距，大敗於蔡英文之手；五個月後的六月六日，更遭近九十四萬的高雄市民罷免。潮起潮落，民意果真如流水，此情此景，清朝詞人納蘭容若形容得最貼切：「等閒變

吳敦義與高雄的淵源深厚，與星雲大師（右二）和前高雄縣長楊秋興等地方重量級人士熟識。

卻故人心，卻道故人心易變。」意指人心本來就變化快，誰也不用埋怨誰。

綜觀韓國瑜從選市長到總統，吳敦義不遺餘力地幫忙。例如：為了協助韓國瑜儘快建立高雄的人脈關係，吳敦義在發布韓為主委之後，就與蔡令怡分頭打電話給許崑源在內的很多高雄朋友，拜託大家多多幫助韓國瑜。又如：二〇一七年九月七日韓國瑜就職當天，吳敦義也來到了高雄，為他舉辦了很風光的交接典禮，並且拜訪很多地方重量級企業人士，為韓國瑜競選市長鋪路。

培植年輕人

地方黨部主委直選之外，吳敦義在黨務改革也下了很大的功夫，特別在「年輕化」方面著力甚多，例如在黨務主管方面，國民黨中央六個一級單位主管，除了政策會屬國會系統、革命實踐研究院需要德高望重的院長、行管會需要穩定領導之外，組發會李哲華主委、文傳會李明賢主委、考紀會魏平政主委都非常年輕。

另外，在二〇一八的九合一選舉，總共提名了六十七位四十歲以下的青年議員候選人，其中有多位是沒有政治背景的，不少並是第一次參選，最後竟有五十八位當選，誠是破天荒之舉！

「國民黨不被年輕人喜歡，這是歷史共業，需要時間，」彰化縣曹家豪縣議員說，「這次吳主席有注意到，決定要給年輕人更多機會。」

其實當吳敦義尚未就任黨主席之前，就開始舉辦「青年活水營」，專門招收四十歲以下年輕人。活水營的概念意境，來自南宋理學大師朱熹的「觀書有感」：「半畝方塘一鑑開，天光雲影共徘徊；問渠那得清如許，為有源頭活水來。」

國民黨一般給人的印象就是不重視培植年輕人，早期一些檯面上的台籍菁英都是蔣經國培植出來的，連戰三十八歲就當了駐薩爾瓦多大使，吳敦義三十三歲就當了南投縣長，吳伯雄三十四歲就做桃園縣長，高育仁三十九歲就當了省議長，王金平四十歲當選立法委員，「大老們要不要想想當年蔣經國如何培植你們，你們又培植了哪些年輕人？」一位黨政首長私下在一場聚會如此嘆道。

吳主席期待這樣的話語在他任期裡終結，於是七月就開辦活水營，辦到二〇一八年中，已經辦了六屆，課程有：「兩岸關係」、「國際情勢」、「台灣新願景」（時事專業議題，包括能源、一例一休、轉型正義。）等主題，並配合「動態課程」設計。

卸下副總統職位後不久，二〇一六年他成立了「台灣新願景論壇協會」（青年活水營就是此協會主辦），延攬工商大老如工商協進會理事長林伯豐以及張平沼、陳哲芳、李瑞河、陳兩傳、劉盛良董事長等，還有卸任官員如前教育部長吳清基、前亞東關係協會會長李嘉進、前高雄縣長楊秋興、前國安會副祕書長楊永明等，還有立委馬文君、前立委林郁方、張顯耀等八十多人加入。

顧名思義，這個協會是要作為推動台灣新願景、實現台灣現代化的平台。希望為年輕人找出路，幫他們找到更多機會。

2016年成立的「台灣新願景論壇協會」，舉辦了多屆青年活水營，幫年輕人找出路。

Chapter

14

「九合一選舉」國民黨大勝

——華麗重起

二〇一七年八月，他就任中國國民黨主席，一年多走遍二十二個縣市，幾百個鄉鎮市，鼓舞基層，強化全黨的力量，尤其吳敦義長期經營北、中、南部，所以國民黨以扎扎實實的力量，迎戰二〇一八年九合一大選，大獲空前的勝利。

吳敦義在黨務改革方面下了很大的功夫，特別在「年輕化」方面著力甚多，以扎實的耕耘贏得二〇一八九合一大選。圖為吳敦義主持青年入黨儀式。

吳敦義就任黨主席後，一年多走遍二十二個縣市，幾百個鄉鎮市，鼓舞基層，強化全黨的力量，尤其吳敦義北、中、南部都曾長期經營，是以扎扎實實的力量，迎戰二〇一八年「九合一」大選。

這場選舉最終獲得空前勝利，全台二十二個縣市，國民黨從原來六個縣市長一舉囊括十五個縣市長；二十二個縣市議會，中國國民黨贏得十九個縣市議長，鄉鎮市長及市民代表、村里長也都大獲全勝。

全力以赴

回顧二〇一八年八月中旬，當時九合一選舉選戰方酣。

清晨五點半起床，吳敦義就開始一天的鐵人行程，這是從年輕到熟年的習慣。吳敦義正常睡眠七個小時，大約都是深夜就寢，但是「一上床就能睡，臥室頭頂開著大燈都能睡。」蔡令怡說。

顯然睡眠品質很好，起來後，便是忙碌的一天，不是進中央黨部辦公，就是去卸任副總統辦公室，黨務和一般事務分得很清楚，有關黨務的在中央黨部談，一般事務在卸任副總統辦公室談。中午不睡午覺，吃完午飯後，往往看報紙，把重要的，用紅筆劃出來，交給幕僚剪報分類收藏，其實大部分內容已經記在他腦裡了。

常常到外地跑行程，幕僚會貼心地於午餐後，安排一個車程較遠的拜會行程，讓他可以在車上小歇一下，但他仍是忙著和車裡人談天說地，或者拿出行程表，一看再看。我初跟他行程，不了解他的記性好或不好，何以一再看行程表，心裡納悶他不是以記憶力超好出名？剛就任縣長一個星期，便把一百個里的里長名字都叫出來。曾任商業總會理事長的張平沼說：「我以為自己記憶力很厲害，遇到他才知有人比我還厲害。」

後來我才發現吳敦義看行程時，是在思考待會兒到會場時如何致詞？要講什麼話全在他腦裡，不用筆，也不用幕僚寫稿，當然更不必備置讀稿機。

「腦裡可容納如此多資訊，只能說他腦子比別人大一些。」一位親近幕僚開玩笑地說。

選戰期間，他常坐早上七點半的高鐵去各地輔選，商談事宜，平紛解難。「還好現在有高鐵了，以前還得坐台鐵到各地去輔選。」吳敦義話說得輕鬆，其實，他在車上也沒閒著，不是看報紙了解國內外重大消息，就是思考策略。

二〇一八年很多縣市的民眾都會看見吳主席高挺的身影，輕車簡從，後面跟著手提著沉重公事包的隨扈。

不論做什麼職務，他都全力以赴。當了國民黨主席後，他必須更努力兼謹慎，和以前職位不一樣，行政首長有法定權責，下面也有公務員可以分勞，但是黨是人民團體，也是自願的組合，要如何讓黨工齊心協力，志願者樂意，就必須靠誠心統合，而非靠威權領導；是感情交流，而非說理辯論。

主席難為

國民黨在二〇一七年陷入前所未有的低谷，因為二〇一四年的九合一選舉慘敗，縣市長席數減至六席，接著二〇一六總統及立委選舉敗得更慘。民進黨再執政，標舉所謂「轉型正義」大旗，凍結國民黨黨產，就是要置國民黨於無力重生的死地。

國民黨的經費拮据、捉襟見肘，只能靠政黨補助及總統候選人選舉補助過活，吳主席每個月都得借貸約二千多萬支應日常事務開銷及黨工薪水，還得籌募選舉經費，真是辛苦備至。

這十年來，由於縣市長權力及財源大增，並有機會進軍立法院或成為內閣閣員、甚至是閣揆，因此競逐百里侯者眾，要獲得黨中央提名，在地方要獲得好評，民進黨難擺平，國民黨更難，因為在野，沒有位置可以安排，又缺乏財源大力挹注候選人，只有一句話：主席難為。

二〇一八年縣市長競逐激烈，既反映出台灣人愛鬥好拼的個性，也反映出中生代要接班的強烈企圖心，更反映台灣新興民主國家選舉的新模式。其中最引人矚目的是高雄市長韓國瑜。

韓國瑜出身於眷村，與高雄淵源不深，但在高雄任市長八年的吳敦義在高雄市人脈甚廣。任高雄黨部主委後，吳敦義為他介紹諸多好朋友。二〇一八年四月九日韓國瑜召開記者會，宣布參加國民黨高雄市長初選，布置會場的紅布條及採買大批果菜，經費也是吳敦義友人所出。韓國瑜初選勝出後，蔡令怡亦於七月二十二日專程南下，召集八百名志工成立高雄「藍天志工團」，為韓拉票及在選舉投票時監票，大會成立當天，在會場都主動捐款給韓。

他的親近幕僚林清強，不但帶著韓國瑜四處拜碼頭，包括著名詩人余光中遺孀范我存等，並且辦了很多場的小型座談，讓各行各業認識韓國瑜。吳敦義把近三十餘年來在高雄的人脈，都轉給了韓國瑜，就是希望他為高雄重現藍天。

勸進韓國瑜參選高雄市長

在人脈學裡，最重要的就是「人脈不能轉移，關係不能取代。」因為人脈都是自己一點一滴建立來的，這也可見吳敦義的無私，只要國民黨贏，就等於他自己贏。

不過，對於參選高雄市長，原本韓國瑜自行評估勝算不高，一直猶豫不決，再三表達仍由前高雄縣長楊秋興競選之意。

回想二〇一八年三月，吳敦義曾南下高雄，召集楊秋興、韓國瑜與林清強進行最後一次協商。楊秋興表示已敗選兩次，無意再戰，韓國瑜則以自己是「兩外」即外地人與外省人，會遭致民進黨強烈攻擊，勝選的機會不大，亦想推辭。

講到最後，吳敦義感性地說，他在高雄當市長八年半，而民進黨執政了二十年，建樹不算多，他期待春天從高雄再出發，而這有賴韓國瑜披掛上陣。

林清強說，依當時的情勢估計，韓出馬可以拿到七十萬票以上，若是楊秋興只能拿到五十萬票，亦即韓國瑜競選的勝算高於楊秋興。他也強調，藍軍支持者普遍認為韓國瑜是「戰將」，如果韓畏戰棄選，最終的下場必然淪為「兩種人」，一是影響國民黨整體士氣的「罪人」，二是去到哪被罵到哪的「臭人」。

這番話說得韓國瑜啞口無言，只好無奈地說：「那我只有回家離婚了！」楊秋興則打趣說：「這樣你就可以再娶個嫩妹。」在場四人都哈哈大笑。

韓國瑜眼看無法逃避，便問吳主席：「那以後參選我是請辭（指黨部主委），還是請假？」

吳敦義回說：「看你的方便，我們都尊重、都配合。」

兩天後，韓國瑜的幕僚黃文財、黃世澤即找林清強討論籌募競選經費及設立競選辦公室事宜，一切似乎已說定，未料，韓國瑜居然於三月十六日跑到台北辦理台北市長黨內初選登記，後來遭吳敦義斥責撤銷登記，但仍然引發各種臆測與批評，「韓國瑜不敢選高雄市長」的質疑聲音四起，吳的親近幕僚趕緊緩頰說，「這是韓國瑜的策略應用，為的是製造話題增加媒體曝光度」，後來風波終告平息，韓國瑜也在高雄市長初選順利過關。

韓國瑜宣布參選高雄市長後，楊秋興隨即帶著韓國瑜跑遍他擔任九年縣長的高雄縣，也介紹了一些助選人員加入助選團隊，例如「五虎將」的張文山等。

「從韓國瑜接任主委當天，至二〇一八年十一月二十四日市長選舉投票，前後大約一年兩個月，副總統專程到高雄達二十九次之多，平均不到兩周就南下一次，有時還是隔一天就來一趟。」他的親近幕僚、也是資深媒體人的林清強，拿出吳敦義詳細的行程資料，他說：「副總統廣泛拜訪高雄地區的宗教界、同鄉會、教育界、工商企業界以及地方人士，甚至還深入八八風災重建區的甲仙、

2017年8月，接任中國國民黨主席、提拔韓國瑜為高雄市黨部主委，為「光復」高雄，動用所有資源力助韓競選高雄市長。

杉林等地為韓國瑜拉票，楊秋興大多會陪同拜訪。」

高雄市公教退休人員協會與退休警察人員協會，會員多數都曾在市政府及警察局服務，會員都在千人以上，這兩個重要社團的理事長與多數理監事，都是吳敦義擔任市長時的部屬，他們與韓國瑜素昧平生，甚至到市長選舉投票都未曾見過面，但既然「老長官」當面請託，自然得全力支持。

除了人脈網絡的建立，吳敦義更介紹了多位企業界人士捐助韓國瑜，讓他有非常充裕的「滷肉飯」與「礦泉水」打選戰。吳敦義之所以用盡可用的資源幫助韓國瑜，為的就是要拿回已被民進黨執政二十年的高雄市，期望高雄能夠脫胎換骨。

吳敦義當時也似已預料高雄會變天，流露到外面的一段影片中，吳敦義曾對在座人士說，「你們不要看不起韓國瑜，XXX，他會贏。」這是他與基層民眾的親近談話。

可見當時所謂的「韓流」絕非單一因素，只是吳敦義幕後的經營與付出，被人忽視了。

那年選舉是國民黨艱困的時刻，領導人沒有訴苦的權力，吳敦義必須全力承擔。

吳敦義在二〇一八年，每天都有跑不完的行程、見不完的人和調解不完的衝突，勸進或勸退都得運用策略。九合一，就是九種公職人員選舉，包括縣市長、縣市議員、鄉鎮市民代表、乃至村里長等等，而且一環扣一環，都是一掛一掛投的，一環有鬆動，往往就全盤鬆動。

努力協調，賣力輔選

由於國民黨中央權力不若往昔，多頭崛起，每個地方都有多位候選人競逐，二〇一七年黨代表大會雖然決議，優先提名現任縣市長，但連現任縣市長縣裡面也有爭議，有的縣市長則有許多已滿兩任，民進黨執政的縣市，國民黨也躍躍欲試，有的用初選，有的用徵召，沒有被提名的候選人當然不滿意，也就透過媒體、鄉親，一波波的反對聲浪都指向黨中央，吳敦義有著求全的個性，不是他要做濫好人，凡是品格不錯的戰將他都願意挺，他認為國民黨不能再失去戰將了。

作為一個有一百一十五年歷史的政黨，國民黨有悠久傳統，也有光榮紀錄。另一方面國民黨的包容性很大，有販夫走卒，也有國際企業家，各行各業都有，既有外省人，也有閩南人、客家人、原住民，所以黨主席要更有包容力，吳敦義經過行政院長及副總統的歷練，個性已改變甚多，對別人的惡意批評會再三容忍。

「你絕對想像不到他可以如此忍耐。」曾任南投縣政府主任祕書的林金田說：「他做縣長時只有三十三歲，局處長都是五十歲以上的人，被年輕縣長叫去，都會發抖，椅子只敢坐三分之一。」

但是對於公職人員選舉候選人的提名，吳敦義仍有他的堅持：品德好，能力好，民調高。反對聲音他極力協調，但極少數未被提名的地方勢力及立委難免不滿，甚至集體到主席辦公室嗆聲，吳敦義硬頸以對。

國民黨在這次九合一大選中，縣市長共進行了十一波提名，最後一波是六月為新竹縣徵召楊文科，這也可見到他的求全處，最後違紀參選的都被處以開除黨籍，如嘉義市的蕭淑麗、澎湖的鄭清發、台東的酈麗貞等。

新竹縣長是提名過程爭議最多的縣市，因為前任縣長邱鏡淳已經兩任，立委林為洲首先表態要參選，但地方反浪聲甚高。

林為洲初入政壇時，在當時的新竹縣縣長林光華引薦下加入民進黨，但仕途上幾度轉換政黨，又違紀競選，二〇一五年獲得國民黨徵召參選立委並接任新竹縣黨部主委，其後成功重返立法院。

林為洲堅持要以全民調初選決定提名人選，但是在以客家人為主的新竹縣，客家人並不支持林為洲，因此，如果提名林為洲肯定會輸，國民黨新竹縣黨部陳見賢主委主張提名政治素人、前新竹科學園區管理局局長楊文科，吳敦義也欣賞楊文科的清純素樸。

但林為洲不甘自己未受青睞，從春節之後，就一再揚言如若國民黨不提他將脫黨競選，他的言行常常躍登報紙三版或二版頭條，吳敦義對林為洲所為，一直希望圓滿解決，最常說的話是「再協調」，即使國民黨六月十三日決定徵召楊文科，林為洲在八月中接受媒體專訪時還堅持要脫黨競選，新竹縣黨部被迫要祭出黨紀處分，但吳敦義與新竹縣黨部商量，如果林不違紀參選縣長，隔年就提名他為立法委員候選人，「不要把人逼到角落，要給一條活路可走。」吳敦義說。

因為林為洲之故，新竹縣長是否能勝選，成為吳主席二〇一八成敗的試金石。當時多人（包括林為洲勢力支持者）喊出：「新竹不勝選，吳主席下台。」由於楊文科缺乏選戰經驗，吳敦義下達動員令，一路力挺，也多次到新竹輔選，最後楊文科順利過關，這結果證明吳敦義的選擇是對的。

政治可以很骯髒，也可以很乾淨

不止是新竹，其實好幾處都有硝煙，烽火四起。

吳敦義精明幹練，耳聰目明，最重視的是候選人操守和能力，從政經歷豐富，他有很多管道可以打聽候選人的為人，他認為地方黨部的人不一定最清楚，也不一定是可靠的資訊來源，「你要問我以前的台灣省主席誰最能幹，我最清楚，不要忘記，我是南投老縣長啊！」吳敦義回憶道，言下之意，有的是人來跟

至新竹黨部為楊文科（右一）輔選。

他報告，線索滿天下。

二〇一七年，他當選黨主席後，媒體問他如何打贏二〇一八這一仗，他回說，他腦海裡自有盤算，他盤算的是如何找到優秀候選人，也只有夠廉潔的人才能使台灣超越黑金選舉，「政治可以很骯髒，也可以很乾淨。」他從齒縫裡吐出了這句話，是綜合近半世紀從政的結晶，辦公室外面的南京東路下班人潮洶湧著。

兩個女人的戰爭

對國民黨而言，二〇一八還有四大戰區，選舉饒有意味，最戲劇性的是台東縣長選舉，兩個女人的戰爭。

國民黨原已提名議長饒慶鈴角逐台東縣長，饒慶鈴出身政治世家，父親為前立法院副院長饒穎奇，歷任台東縣議會議長、副議長、國民黨副祕書長、國民黨中央常務委員。經歷和人脈豐富，足以打敗民進黨候選人。

但是，前縣長鄺麗貞突然登記參選，並隨即上演「失蹤記」，鄺的先生、前台東縣長、議長吳俊立尋妻數日未果，讓外界霧裡看花。據了解，鄺麗貞於二〇一七年底即有意復出政壇，但吳俊立反對，這給了綠營見縫插針的機會，順利「挖到礦（鄺）」。

二〇一八雖然鄺麗貞堅持參選，勸退無效後，吳敦義強化輔選饒慶鈴，拜訪縣長黃健庭並請吳俊立出任饒的後援會總召，選舉揭曉，饒慶鈴大獲全勝，拿下六萬三千四百三十九票，得票率近六成；民進黨劉櫂豪獲得三萬九千六百一十八票，創下他五次參選縣長的最低票，鄺麗貞則只得三千零四十九票。證明國民黨只有團結才能勝選。

此外，兩個女人的戰爭也發生在嘉義市，前市長黃敏惠和議長蕭淑麗都各有輝煌經歷。黃敏惠自二〇〇八年起擔任國民黨副主席，二〇一六年總統及立委選舉國民黨大敗，時任主席朱立倫、副主席郝龍斌辭職，黃敏惠乃代理主席之職，成為國民黨成立百餘年來首位女性代理主席。傳承父親黃永欽的親和力，黃敏惠的地方人脈關係在雲嘉南地區跨越藍綠，也是嘉義市第一位國民黨女性市長。

那年，嘉市黨部舉辦小組長授證活動，當吳敦義主席進場時，黃敏惠宣布依黨內提名程序參選，她以「拚經濟」、「勇敢向前行，嘉義一定贏」、「正派！廉能！斷黑金！」作為競選主軸，提倡將嘉義市打造成台灣西部新都心。

那時人在大陸訪問的蕭淑麗，聽聞之後放言競選到底，表示如果未獲提名將脫黨競選。外型亮麗、勤跑基層、從小被培植的蕭淑麗，出身掌控嘉義市議會二十八年的蕭家班，後來真的退出國民黨以無黨身分參選，砲打「回鍋市長」黃敏惠。

藍軍在嘉義市雖有勝算，但外有民進黨市長涂醒哲競選連任，內有蕭淑麗分票，藍軍評估黃敏惠勝出不易，還好，經吳敦義力促黃復興黨部集中選票支持，黃敏惠才在三分天下局面下衝出重圍，以五萬八千餘票超出涂醒哲二千三百票當選，蕭淑麗則得二萬五千五百多票。

挽救分裂危機

另外，在苗栗縣也傳出分裂危機。

爭取連任的徐耀昌批評同黨的前任縣長劉政鴻負債太多，曾為五星級縣市長的劉政鴻，在苗栗縣長任內多所建樹，如向行政院爭取頭屋、銅鑼交流道，西濱公路六十一號、頭份鎮中興路接竹南科學區等；苗栗音樂節更邀請到男高音多明哥、卡列拉斯等國際知名聲樂家演唱，當然不甘被批，揚言如果徐耀昌不正式道歉，他將再次競選縣長，並且還極研擬成立競選總部的日期、地點與主委人選。後來吳敦義親自出馬調解，終於平息兩人爭端，化解了藍軍內鬨，徐耀昌也得以順利當選連任。

連澎湖老縣長賴峰偉的回鍋，也備受挑戰。國民黨經黨內互比民調、多方考量後，認為賴峰偉在有意參選的黨內同志中，是較有勝算的一人，但是地方反對聲音不斷，澎湖縣黨部主委鄭清發甚至因自己未被列入民調，表達強烈抗議，本來預定一月三十一日舉行的賴峰偉參選記者會也被迫延期，這充分反映新人要接班的強烈企圖心，也反映出黨中央的左支右絀之處。

後來，吳敦義出面拜託前立委林炳坤、旅高澎湖大老陳文武等人，化解了地方反彈力量，賴峰偉終以三千餘票之差，擊敗爭取連任的民進黨對手陳光復。

歷經精心布局、辛苦輔選，勝利的果實終於在二〇一八年十一月二十四日晚上八時許得到了。國民黨大勝，縣市長從選前的六席大增至十五席，國民黨得票率近四九％，幾乎是投票人的一半，洗雪二〇一四年及二〇一六年大敗之恥，真可謂華麗復仇。民進黨得票率只有三九％。國民黨從二〇一四年第一次展現未有的生機，二〇二〇年重新執政在望。

當晚，只有台北市長柯文哲和經營多年的丁守中票數一直在拉鋸中，選民熬夜等待，當年選舉投票因附帶公投案，選委會缺乏經驗，選民大排長龍，造成邊投票邊開票的亂象，很多原先投民進黨姚文智的中間或綠色選民，看到姚文智大幅落後改投柯文哲，最後柯文哲只以三千餘票驚險連任成功，為歷屆台北市長選舉中，前兩名差距最小的一次。

贏得九合一選舉

這次選舉，由綠轉藍的縣市有七個，包括高雄市、台中市、嘉義市、彰化縣、雲林縣、宜蘭縣、澎湖縣；無黨轉藍的縣市也有兩個，就是花蓮縣和金門縣。女性也有七人當選，分別是宜蘭縣林姿妙、花蓮縣徐榛蔚、台東縣饒慶鈴、台中市盧秀燕、彰化縣王惠美、雲林縣張麗善及嘉義市黃敏惠，其中東台灣（宜蘭、花蓮、台東三縣）全部由女性執政，林姿妙、徐榛蔚更分別成為成為宜蘭縣、花蓮縣史上第一位女縣長，盧秀燕則是六都中唯一的女性市長。

勝選儀式，沒有冒泡泡的香檳、缺乏嬌豔欲滴的鮮花、更沒有五顏六色的氣球，「拚經濟、顧生活，才是今後國民黨要全力以赴的事情，只有為百姓的生活優先，國家經濟向上提升，讓台灣有活潑的經濟力，才是中國國民黨的理念與方針。」勝選後，吳敦義如此期許所有當選縣市長的同志。

底下有人喊「選總統、選總統」，他伸出手往下壓，緩和眾人高昂的情緒。講完話，回到主席辦公室，他忙著詢問各縣市議員當選情形，縣市議長也要贏才行，「民進黨很厲害，在縣市議會，選議長都不會跑票，國民黨要靠實力。」

結果議長選舉有著更甜美的果實，二十二縣市裡國民黨議長當選了十九席。

儘管吳敦義從二〇一七年八月當選國民黨主席以來，一路帶領國民黨漂亮贏得二〇一八年的九合一大選，但誰能料到國民黨即將為了二〇二〇年大選的總統提名人和立委不分區名單鬧得滿城風雨，讓吳敦義受到莫大的誤解和委屈？不過，總有一些媒體人會說真心話。譬如資深媒體人唐湘龍說：「敦義是沒有被正確評價的政治人物。」董智森也說：「吳敦義是被媒體高度醜化的政治人物。」

無論如何，從縣市長到縣市議長，二〇一八年國民黨的大贏，吳敦義指揮若定，猶如穩健的舵手，韓流只是國民黨勝選的原因之一。

2012年8月，吳敦義出訪中美洲時過境美國，出席紐約僑界晚宴。/ 簡志宏 攝

Chapter 15

二〇二〇：任他凡事清濁

——一心為國民黨團結而戰

「明知不問是修養，知而不言是聰明。」

「為了扶著黨前行，本來就有太多無法訴說的。心知而不語破，只因有些話不必道盡。人心只得經過些時日沉澱出是非善惡，人情也是假以時日才感冷暖。」—在國民黨一百二十五週年黨慶時，吳敦義難得感性發文。

在這個是非不分、黑白不明的渾濁時代，領導人的決策風格格外重要。吳敦義顧全局，決策穩重的風格，讓他得到不少民眾的信賴。／黃世麒攝　中國時報提供

「如果二〇二〇他登高一呼，誰會不大力支持他？」很多支持吳敦義的「吳粉」這麼說。一位大陸台商也說：「只要他出來，他需要的錢、人、組織，絕對都會源源而來。」

吳敦義估計，選總統要花上幾億，自己只有一棟屋齡近四十年的老房子，不必去思量這個選項，其實除了這個選項，其他都已經做過，而且都無愧於心。

為公為黨募款

為國民黨每月須籌措約二千多萬元，不是就是開口嗎？他說：「這不一樣，我為黨可以開口，為自己開不了口。」

他不是不會募款，曾經在南投縣長任內，為了籌措文化基金，他每乾一杯啤酒，對方就會樂捐十萬元，一晚上就募集了一百五十萬元。藝術界朋友看到縣長對文化建設如此重視，也紛紛主動提供畫作義賣，募得款項，捐作文化基金。

二〇一八年為了「光復」高雄，也幫韓國瑜募得不少競選經費，單是一桌十多個人的餐會，就募到了八百多萬元，這些都是他欠下的人情債。

多年來只顧一心一意做事，別人幫他講好話，他也很不敏感，不懂得回謝，「他不是那種三十秒鐘你就會喜歡的人。」次子吳子文說，但是他講話、解析都實在，尤其喜歡講道理，奈何電視要的就是那種可以在三十秒就被喜歡的，何況網路時代還更快速，據統計，現今人的注意力只有七秒鐘。

國民黨遭遇的那場「完美風暴」

在民主走向民粹的時代，多數並不等同正確，風潮常會淘走精華。美國在總統初選時，「美國廣播公司（ABC）」派出報導的不是政治記者，甚至不是記者，而是喜劇演員，政治很早以前就變成了秀場。近年來，更是變本加厲。

注意力極端壓縮，政治評斷只靠直覺，而這個直覺，是來自聳動的標題、缺乏歷史觀的速成報導，長久形成的刻板印象，時時刻刻再加強，彼此餵食取暖，就成了人們對政治人物的想像及印記。

天下文化出版的《快思慢想》（*Thinking, Fast and Slow*）曾經一年暢銷二十萬本（這種書銷量超過出版社的估計，可見台灣人還是非常願意思考），作者康納曼（Daniel Kahneman）說：人有兩個系統相互運作，系統一是快思，是直覺，反射性的；系統二是慢想理性思考，兩者各有所長，也各有所短。直覺讓你省事及省時，並且可能救你的命；但是慢想同樣重要，甚至更重要，是邏輯、理性，是讓你生命平和，進而促進身心健康。對政治，很多時候是系統一，直覺感性的。但政治是公共事務，更需要理性思考，理性行動。

二〇二〇年的選舉的確是我們需要思考的，國民黨主席要負什麼責任？總統候選人要負什麼責任？黨機器出了什麼問題？民進黨是否愚弄了人們？「對國民黨來說，那次選舉，遭遇了完美風暴。」在台北萬華區落選的前立法委員林郁方說。

在這個是非不分、黑白不明的渾濁時代，領導人的決策風格難免遭致誤解乃至曲解，如吳敦義為了考慮全局，決策不會太快，但有些人不太了解他的做事風格。

無論是黨職、公職，除了總統外，他什麼職位都做過，資歷完整、政績卓越，公布不分區立委名單之前，曾有很多黨代表聯名要求他排在不分區立委第一名，但是他的排名一再往後推，從第一名、第五名，往後推至第十四名。

二〇二〇選舉揭曉，國民黨與民進黨都當選十三位不分區立委，十四名的吳敦義成了「落選頭」，列名第八的嘉義前立委翁重鈞、列名第九的高雄吳怡玎都說要請辭讓吳敦義遞補，但吳敦義未答應，因為嘉義與高雄都需要有立委服務。

事實上，名列不分區立委的吳敦義不但熟悉議事規則，輩份高，身段也柔軟，協調折衝自無問題，即使國民黨立委未過半，以他合縱連橫的能耐，未必不能和小綠及民眾黨聯盟，在立法院發揮影響力。

資深媒體人董智森就在他主持的廣播節目公開說，如果二〇二〇國民黨在立法院過半，除了吳敦義還有誰能當院長？

二〇一八年底九合一選舉，國民黨大有斬獲，氣勢高漲，挺藍選民認為再一年可能扳回總統寶座及立法院多數，尤其是總統大位，我國的憲政體制，美其名是所謂的「改良式混合雙首長制」，總統候選人要發揮母雞帶小雞的作用，需要強勢候選人，所以吳敦義再三強調二〇二〇總統大選，國民黨要推出能力、品德、操守、經驗都無懈可擊的最強人選。

吳敦義曾再三強調，二〇二〇總統大選國民黨必須推出能力、品德、操守、經驗都無懈可擊的最強人選才行。

非不知也，是不為也

在吳敦義運籌帷幄下，縣市長選舉大勝後，想選總統的大有人在，例如朱立倫就第一個跳出來宣布要參選，藍營「四大天王」吳敦義、朱立倫、王金平，還有馬英九，是眾所矚目的焦點。

那幾個月，吳敦義不願意輕易宣布競選動向，總是說在考慮，不排除可能性，會推出最有可能勝選的人選。

吳敦義熟讀歷史、孔孟之道，乃至如曹操等權謀他都知曉，但從小父親和老師的教誨深植心中，知曉而不願去做。

再者，黨產大部分歸零，國民黨主席已無至高無上的權力，不能強加黨主席的意志於黨員之上，要靠黨員同心一德，這也是吳敦義每當重要決定，都要多方考慮。「有些話不必講，有些話一講，紛擾更多，」和以前相比，他成了「省話一哥」。

種種情況看在吳敦義眼中，也點滴在心頭，但是講究公平的他，願意協助任何人參選，只要當選後能夠忠誠為國、廉能服務，也就是吳敦義唯一的期望。

郭台銘參選始末

最後一位跳出來要選總統的是郭台銘。

早在四、五年前，郭台銘就有意競選總統，尤其二〇一六年川普當選總統後，已是台灣第一首富的他，大半時間在世界遊走，更覺得應該選總統，才能改變台灣政治掛帥、企業不得伸展壯志、下一代年輕人前途堪危的局面。作為一個訪問他二十餘年的新聞人，我深知他出來參選絕非為名為利，而是他意識到中華民國的實質發展（經濟）和存在安全（遭遇台獨、去中國化）有無比危機，想要為這塊熱愛的土地做些什麼。

但是根據政壇人士透露，郭台銘關鍵的決定之一是在二〇一九年三月。有一天他去高雄，邀請韓國瑜去參觀鴻海設在軟體園區的研發中心，無論是參觀過

只要當選人能忠誠為國、廉能服務，也就是吳敦義唯一的期望。／引自維基共享。

程、閒談或用餐，郭台銘感覺韓國瑜似乎對經濟、高科技不是那麼熟悉，於是考慮要自己出馬參選二〇二〇總統。

四月初，郭台銘將決定告知國民黨副主席郝龍斌及楊秋興，郝龍斌第二天早上即電告吳敦義，當天吳敦義剛好要南下高雄，楊秋興事前即安排陪同一起跑行程，於是在左營高鐵接到吳敦義後，楊秋興也立即向老長官報告郭台銘要參選總統的事。

吳敦義綜合各方意見，覺得自己作為主席，凡有志參選的都理應歡迎，況且郭台銘對國民黨有恩。但是，郭台銘已失去國民黨員黨籍多年，於是與馬英九及郝龍斌商量，集體決定以頒發榮譽狀的方式，讓郭台銘恢復他的國民黨黨籍。

二〇一九年四月十七日，頭戴中華民國國旗帽的郭台銘，出席了國民黨中常會，接受黨主席吳敦義頒發的「中國國民黨中央委員會榮譽狀」，表彰他在二〇一六年十月，中國國民黨經費拮据之際，以其母「郭初永真」名義無息借貸新台幣四千五百萬元給中國國民黨。

郭台銘領完榮譽狀，向國父遺像三鞠躬後，就當場宣布要競選二〇二〇總統，他並霸氣地說：「我願參加黨內提名初選，不必徵召。」突如其來之舉，著實讓事前全然不知情的主席、副主席及中常委們十分意外。

吳敦義正式宣布不參選

郭台銘宣布參選後十天，亦即四月二十七日，韓國瑜舉行記者會，發表五點聲明，重點有三：

一、在擔任高雄市長的這段日子中，他深刻的體會到只有台灣好，高雄才會更好。只有台灣能改變，他才能真正改變高雄！

二、對於國民黨二〇二〇年總統大選，此時此刻，他無法參加現行制度的初選。

三、長久以來政治權貴熱中於密室協商，已經離人民愈來愈遙遠了。希望黨內高層體察民意，關注社會脈動。

網上將韓國瑜的聲明翻成白話，就是「一、要做事只能當總統，沒當總統幫不了高雄；二、不過我現在不方便參選；三、麻煩國民黨高層開出一條路出來讓我選。」

很多人都感覺，韓國瑜顯然都以總統候選人自居，認為民意就是要徵召他，國民黨應該順從民意。亦即韓國瑜覺得自己師出無名，剛做市長幾個月，怎麼能選總統。

四月九日，傳言多時可能會參選總統的吳敦義，在中常會裡公開宣布不會競選二〇二〇，贏得國內外一致好評。

「我從去年九合一大勝選後，問了他五次，他都沒同意，這次總算做了決定，一定非常謹慎思考過的。」當時副主席曾永權說。

但吳敦義沒有累積足夠的資源來選總統，緣因於他既不喜歡求人（不喜歡沾人，也不喜歡被人沾），也不喜歡建立派系，他一再強調「我會、我知、但我不做」。一位政界人士說：「他講究的是公平正義，但是政治講究合縱連橫，必須多方聯盟。」

善於臧否時事的台大歷史系同班同學周天瑞說：「他不是精於謀略之人，反而頭巾味（指書生氣）太重。」

吳主席在二〇一九到二〇二〇年初的種種表現，真是任他凡事清濁，一心只為國民黨團結。

不贊成以全民調決定總統參選人

本來國民黨總統初選，有各種不同方式，包括三成黨員投票、七成民調；四成黨員、六成民調；黨員投票與民調各五成等，後來也有黨員認為國民黨總統候選人提名應由黨員決定，主張總統初選應採全黨員投票，各種意見紛陳，但贊成全民調的聲浪最大，最後只好採行全民調決定人選。

其實，全民調或許可以測知全國的民意走向，但是等於把國民黨的候選人，交給敵對政黨來決定，這對於按時繳交黨費並且「唯黨是從」的忠實黨員，情何以堪？尤其台灣民主政治，尚屬「幼齡」，在政黨政治健全的國家，如美國初選是國家的事，不是黨內的事，不單注重結果，也注重民主程序。初選委員會由政府文官擔任，美國初選固然有開放式（選民可投各黨候選人）和封閉式（選民只能參與自己所屬政黨的初選投票），但現在只有少數州還採取開放式，大部分州都希望由自己黨員選出自己候選人，否則將會很混亂。

吳敦義懊惱的說：「當時立法院王金平院長與我都不贊成全民調，因為風險一定超高，但有五位候選人都主張採用全民調，我也只能尊重參選人」。

既已決定，就得堅持到底，其中反對全民調最力的是王金平，經營黨員已久的王金平質疑初選民調取樣方式，直指國民黨正面臨生死存亡的危機，決定郭、韓勝負的三％到五％關鍵變數，讓綠營握有可以輕易操弄「只要誰好打」、「誰容易增亂就支持誰」的大好機會。

一向與王和好，也尊王的吳敦義，為了國民黨的團結，也三度親上火線說明澄清，並請王金平監督全民意調查，但未為王接受。

在四月到七月間，郭、韓兩人競爭激烈，兩人有所長，也有所短。

郭台銘似乎也不是可以三十秒就愛上的人，他談天論地，以前有部屬、客戶、記者耐心聽他的敘述、申論，離題後再拉回主題，但是現在只有極短時間可以爭取，他知道得太多，講述得太熱切，以他的表達方式，讓人感覺更像高科技傳教士。

四月到七月間，郭粉與韓粉互相激烈對打，吐口水、謾罵，於是「知識藍（或經濟藍）」和「庶民藍」對立後分裂，同屬藍的親戚、朋友、同事、家人可以為此決裂，渾然不知自己最大敵人是民進黨，此時民進黨早已定於一尊，現任總統蔡英文再度出征。

鬧哄哄的初選終告結束，韓國瑜以總平均支持率四四．八%勝出，其他幾位都望其項背很遠，郭台銘二七．七三%、朱立倫一七．九%、周錫瑋六．〇二%、張亞中三．五四%。

「韓粉」如願了，但韓國瑜聲望也開始直線下跌了，就是在初選結束後幾天，大量民意調查反轉，也因此「國民黨民調初選失真」的檢討出現了。

失真的民調

國民黨民調沒有納入手機調查，郭台銘極為不滿，因為現代人多數使用行動電話，室內電話一般為中老年人、退休族或家庭主婦所使用，雖然國民黨初選民調有分時段、分年齡調查，很多人表示，這些都可以作假，因為七十歲的人也可偽稱自己三十歲。

國民黨總統初選那段時間，綠營的網路社群一再出現「給我韓國瑜其他免談」、「唯一支持韓國瑜」的論調。

《新新聞》雜誌多次以「韓國瑜是小英的最愛」、「做七日韓粉」，爆料民進黨如何運用手段介入國民黨總統初選，例如說鼓勵綠支持者說自己是國民黨員、隱瞞年齡等，也在網路社群散布響應韓粉「非韓不投」的策略，將韓國瑜推上舞台，因為韓國瑜好打，有很多「可黑」的地方，郭台銘比較不好打，因為傾向郭台銘的是年輕人，中產階級、中間選民。

又如世新大學前副校長梁世武所作的研究比較，在TVBS於二〇一九年六月二十二日公布的「民進黨初選後二〇二〇總統可能人選民調」資料，總統候選人韓、蔡、柯三人支持度比表，蔡英文在六月二十二日初選後所做民調結果，支持度三七%，高於韓國瑜的二九%，與次年一月大選正式投票結果一致。

但韓國瑜從二月二十日到五月八日及十月五日的四次民調，支持度總在三七%至四二%之間，比六月二十二日那次都高出甚多，顯有被灌水之虞。

國民黨總統初選前夕，民進黨支持度下降為一五%、國民黨支持度上升至三九%、中間選民支持韓國瑜比例提高，拉抬韓國瑜支持度，但國民黨總統初選後，韓國瑜支持度逐漸下滑，在與蔡英文的兩人對決中，八月七日的民調顯示韓國瑜的支持度為四八%，領先蔡英文的四五%；但到了八月十六日之後，韓國瑜支持度下滑至四二%低於蔡英文的支持度四七%，自此，韓國瑜的支持度就再也沒有贏過蔡英文了。

忠誠，卻也委屈

這也切中了王金平的擔憂，關鍵變數差距小，讓綠營有機會可打。非韓不投，非郭不投，直至選舉登記後仍然吵鬧不休。國民黨善於分裂，建黨百餘年的國民黨，歷經多次分裂。吳敦義能做的事，就是國民黨不能在他手中分裂，他必須對得起國民黨歷史。

「他是個糅合日式和台式的男人，很壓抑。」次子吳子文說。家庭與學校教育都是要忍耐，吳敦義的爸爸要他忍，只能感恩；看電影，看到乃木大將軍堅定、絕決，就要他師法；個人情緒要放在一邊；一百二十五年的黨交在他手上，他如何能不忐忑，但必須指揮若定。

「扶著黨前行，本就有太多無法訴說的，」在一百二十五週年國民黨黨慶時，他難得感性發文：「說了怕對誰不好，說了怕誰難受，說了，好像常常有更多瑣碎紛亂要照料。」語多無奈。

所以他選擇不說，頎長的身影仍然七點就出門，趕到各個地方去站台，去籌款，去助選。「明知不問是修養，知而不言是聰明。」心知而不說破，只因有些話不必道盡。這是他講得最露骨的一段話……。

韓國瑜與黨中央保持一定距離，有時去助選或跑行程，連當地黨部都不知道，如何去組織輔選？吳敦義多次初選前要與韓國瑜見面，韓國瑜不是說抽不出空，或者臨時放鴿子，媒體都說是鴻門宴，氣得吳敦義回應：「難道我會準備刀斧手不成，什麼鴻門宴！」

要是在十年前以前，他早就大發雷霆，但是他都忍下來了。

某次韓國瑜已與吳敦義約好吃中餐，記者也在餐館外等候，吳敦義在辦公室過了中午還沒接到韓國瑜電話，後來傳出他與某電視台老闆吃飯。

其實很多親藍人士在韓國瑜初選成功後，就一直問：鐵粉大約一百五十萬人，就是非韓不投，但其他約五百五十萬人除了空戰（網路），都必須靠組織的陸戰才能拉到，「民進黨靠派系，國民黨靠組織。」吳敦義說。

仗義與負心

知識藍和庶民藍繼續嚴重分裂。九月間，連戰結合三十一位國民黨高層人士，聯名在媒體刊登啟事呼籲全黨團結，雖是煞費苦心，但事出倉促，前行政院長劉兆玄的簽名看起來就很奇怪，是前一晚連戰辦公室才想到他，請他快簽名，身為世界玉山科技總會創辦人，他代表科技界，「當時已經沒有空位，我只有橫著簽才行。」

吃軟不吃硬的郭台銘一看報紙上的啟事，更生氣，跟著也大罵國民黨「權貴密商」，並宣布退出國民黨，至此，凡是初選未過關的，都要怪黨中央，黨中央形同「出氣桶」，吳敦義也背上了歷年來大家對國民黨不滿的十字架。

脫黨後，舉國關注的是郭台銘會否參選總統。郭台銘頻頻找各方商量，他是個很實際的企業家，而且善於運用大數據，輸贏自有拿捏，但參選與否的結論也是千呼萬喚始出來，中秋節前兩天才宣布棄選，並強調自己是永遠的「中華民國派」，當中華民國需要的時候，他永遠都在。

二〇二〇大選民進黨包裝蔡英文「辣台妹」策略成功，習近平在《告台灣同胞書》發表四十週年紀念會發表演說，意指「九二共識，就是一國兩制」。國民黨高層趕忙滅火，但民進黨已撿到槍，接著澳洲共諜案、香港反送中，民進黨以「今日香港，明日台灣」大賣亡國感，訴諸人民的懼怕、恐慌。

十一月、十二月最不平靜，起先是外流的國民黨不分區立委名單，媒體大肆批評，有些人自認貢獻卓著，認為自己應該排入安全名單，最後吳敦義說出絕少在公開場合說的話：「名單不可能讓任何人都滿意。自己一路做過立委、行政院長、副總統，還在二〇一八年九合一選舉帶領國民黨大勝，沒有對不起任何人。」

又說，國民黨黨主席過去沒有一個不是選總統的，只是既然有更合適的人，他就不選，不然以他的資歷和能力，選總統過分嗎？

就在同時間，一批他在高雄熟識的支持者，坐著遊覽車專程到台北為他打氣，老里長吳文獅上前致意時，兩人相抱，吳敦義忍不住流下眼淚，那真是「仗義每多屠狗（基層）輩，負心莫過讀書人」的鮮活場面。

有謂「男兒有淚不輕彈」，其實下一句才是重點，「只因未到傷心處」。他的每滴淚背後都有著委曲，一生都沒有如這大半年所受到的誤解、批評。但是為黨團結，不能說，只有留待時日澄清。

為什麼有這份不分區名單呢？也是他的苦心。

無論哪一黨，不分區立委向來都是爭取者眾，因為不用實際參加競選，但是，主席的挑選權限也有限，法律明文規定不分區當選名單，必須有一半婦女保障名額，加上國民黨近年來中南部區域立委都失利，雲林以南一片「綠油油」，吳敦義每次走訪基層，國民黨議員都反映，在基層服務很辛苦，當地沒有國民黨立委，基層需要中央的補助或建設，否則無法做很好的選民服務，二〇一九年黨代表大會亦已有多人在會中表達此意見。所以除了提名專業人士、軍方、警方、青年、婦女、台商、新住民之外，還要留些名額給雲林以南的「艱困選區」。

吳文獅上前致意時，兩人相擁，吳敦義忍不住流下眼淚。／施宗暉攝　中央社提供

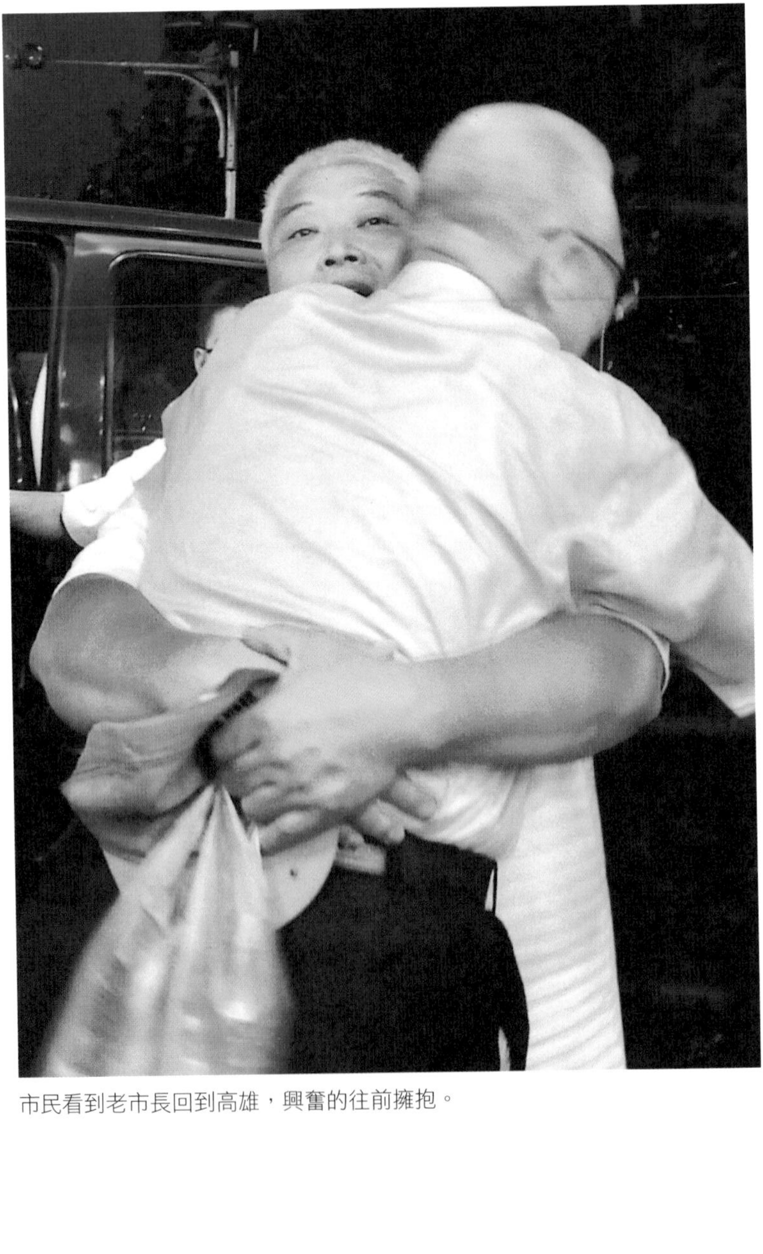

市民看到老市長回到高雄，興奮的往前擁抱。

荒謬劇接二連三

然而，有學者和媒體人原來極力幫忙吳敦義的，因未被列名甚為不滿，上電視談話性節目，便厲聲批判國民黨的不分區名單。

其實，婦女還要有特色才能獲提名，如鄭麗文是媒體人，也是戰將；廖婉汝是屏東縣黨部主委，要為屏東選民服務。張育美是客家代表，也經營天成醫院體系，有公衛專業的背景。

排第一名的曾銘宗，財經專業沒人可質疑；遭批評最烈的葉毓蘭和吳斯懷，分別為警界團體及「黃復興」黨部推薦；吳敦義幾次與「黃復興」商量未果，因為吳斯懷率領「八百壯士」對抗民進黨刪減軍公教退休金有功，但他去大陸參加國父紀念會，在唱大陸國歌時起立，雖是國際應有禮儀，卻被民進黨拿去大做文章，對國民黨選情有所傷害。

十二月國民黨的荒謬劇一再上演，先是韓國瑜眼看民調直直落，呼籲支持者「蓋牌」民調，以免打擊軍心。繼之副總統候選人張善政，居然公開呼籲，總統票投給他們，政黨票「可以隨心而去」，真如宋朝詩人陸游所作〈釵頭鳳〉：「東風惡，人情薄，錯、錯、錯，莫、莫、莫。」

得知張善政的發言，吳敦義馬上與張通話，嚴厲地要求以後不能再發此種言論，「你是國民黨提名的副總統候選人，我可以撤銷你的提名，國民黨不提名副總統也可以，我們不要這樣的副總統。」並且也告誡韓國瑜要約束張善政的發言。

而儘管國民黨不分區立委名單一再遭致曲解、挑剔，但投票結果，國民黨的政黨票得四百七十二萬，民進黨得四百八十一萬票，兩黨只差九萬票，幾乎是不分軒輊，所以兩黨的不分區立委同獲十三席。如果，國民黨的不分區名單，真如某些有心人所指的那麼不堪，何以政黨票會比二〇一六多了近一百五十萬票，不分區席次也比二〇一六多了三席？批評者是出於善意或者另有動機？

十二月下旬，吳敦義分別打電話給國民黨區域立委候選人，提醒大家小心應戰，因為他得到的民調資料，很清楚地顯示選情不甚樂觀，但一些立委如顏清標之子顏寬恆仍滿有信心，說主席放心。

十二月二十二日，耶誕節前，王金平邀請吳敦義主席等南部藍營黨政人士，到他高雄路竹老家餐敘。飯前王給大家看他自費做的民調，顯示國民黨不僅總統選情悲觀，很多立委選區也都被拖累，尤其雲林以南可能會「全軍覆沒」，與吳敦義手上的民調資料相當接近，這場餐敘是為了能否集眾志挽回局面，「大家心情很沉重，但也想不出什麼方法。」一位幕僚人員說。

二〇二〇年一月十一日，不到晚上八點，開票結果已證明國民黨總統、區域立委大輸，民進黨再度完全執政。

八點半，吳敦義帶領黨務一級主管總辭，他臉上表情和二〇一八年縣市長大勝時相同，「不以物喜，不以己悲」，勝選和敗選，他都有自己的路要走。

「不以物喜，不以己悲」，無論勝選或敗選，吳敦義都有自己的路要走。／唐紹航攝　今周刊提供

第四部

結語

曾顛沛流離多年的小說家張愛玲說：「海棠無香，鰣魚多刺，紅樓夢未完，是人生憾事」，實在描寫人生到見骨。

但是海海人生，誰沒有缺憾，一個從南投陋巷轉出來的孩子，一個白色恐怖受害者之子，經過嚴酷民選程序成為二屆台北市議員，三十三歲就當選故鄉南投縣的縣長，一連做了兩任八年，之後陸續擔任二任八年半的高雄院轄市長、第五、六、七三屆最高票的立委、二年六個月的行政院長，以及馬英九第二任總統的副總統，乃至中國國民黨主席，每個位置都做得至好。

本來黨主席做完，他也準備退休，到各處尋幽訪勝。飽讀詩書的他，精通歷史，出口成章，對兩岸問題有足夠的經驗。二〇一八年他原本計畫帶領團隊參加「國共論壇」，但是民進黨臨時修法，把卸任正副總統赴陸限制從三年延至五年，顯然針對馬英九和他，因此未能成行。

他還希望把自己從事公職，與民意機關打交道的經驗傳給政壇後輩。最重要的是要恢復國民黨執政，「我們有經驗，帶領國家方向穩健。」政壇歷練四十餘年的他說。

二〇二〇年一月，他辭去國民黨主席，在回辦公室途中，抬頭一看天空出現了一道美麗的彩虹！他相信中華民國及中國國民黨，也能雨過天晴！

他也相信，自己生命中還會有無數彩虹。近九百年前，南宋道川禪師曾說「舊竹生新筍，新花長舊枝。雨催行客到，風送片帆歸。竹密不妨流水過，山高豈礙白雲飛。」句句都是禪意。比喻時日交遞，一切世間萬法紛繁蕪雜，遍滿虛空；但我們有自信，依然從容，無形無住，不會被任何事物所阻礙。

但願中華民國歷史記得這位一心一意為人民，全力扶助弱勢，專心在公門好修行近五十年的政治家——吳敦義。

大事記

一九四八年　一月三十日　出生於南投縣草屯鎮。

一九五三年　五月　父親吳奚被誣陷為共諜入獄。

一九五四年　九月　入學草屯鎮新庄國小。

一九六〇年　六月　新庄國小畢業，考上台中一中翁子分部。

一九六三年　九月　保送台中一中高中部。

一九六六年　十月　進入政大東語系就讀。

一九六七年　九月　轉學進入台大歷史系就讀。

一九六八年　四月十七日　主持台大校刊《大學新聞》周報，撰寫社論〈台大人的十字架〉。

四月二十日　自立晚報以〈中國青年的十字架〉為題的社論，就〈台大人的十字架〉一文，加以引介闡發。

五月二十日　蔣經國先生以救國團主任身分約見，剴切嘉勉。

七月　蔣經國以國防部長身分，蒞臨成功嶺大專集訓班主持開訓，在一篇以

「要往下扎根，向上結果」為題的演說中，曾提到〈台大人的十字架〉這篇社論，「指出了青年人應走的正路與活路，全國有志青年都應起而響應這群朋友的呼聲」。

一九七〇年 六月二日 六月十七日 在《大學新聞》發表社論，題為〈辭去兼職，辦好台大！〉副題為「敬向閻振興校長進一言」。

六月十八日 閻振興校長先後辭去台大校長以外的兩份兼職。

七月四日 台大歷史系畢業。

一九七一年 七月十日 服預官役，考取陸軍官校擔任教官。

進入《中國時報》服務。

一九七三年 十二月二十五日 宣誓就職台北市第二屆市議員。

一九七七年 十二月二十五日 連任台北市第三屆市議員。

一九七九年 五月十三日 父親吳奚去世。

一九八一年 十月二十五日 出版《草根下的聲音》一書。

十二月二十日 宣誓就職南投縣長。

一九八五年 十一月十四日 十一月十四日 當選第一屆台大十大傑出校友。

十二月二十日 以高票連任南投縣長。

一九八六年 七月十六日 南非出訪十天，返國時取道美國，應邀出席全美台灣同鄉聯誼會年會演講。

九月二十日 當選中華民國七十五年度（第廿四屆）十大傑出青年。

一九八八年 一月十三日 蔣經國總統逝世。

七月十二日 國民黨十三全會中，當選中央委員。

八月二十日 南投縣長任內，指示人二室應銷毀公務人員所謂的「忠誠資料」。

一九八九年 三月十六日 應美國國務院邀請，赴美訪問一個月後，於本日返國。

十二月十九日 卸任南投縣長前夕，對外公布財產，自擔任縣長起至卸任止，財產不增略減。

十二月二十七日 國民黨中常會通過出任台北市黨部主委。

一九九〇年 六月十八日 宣誓就職高雄市長。

十月十五日 帶領區運聖火團飛抵東沙島，首次繞行全島。

十一月十四日 打破官場體制，正式公布財產，包括房地產二筆，存款四筆，無負債。

一九九一年 三月五日 市府成立壽山淨山小組，首次大規模取締拆除壽山違建。

六月十一日 訪美途中獲悉省營硫酸廠二氧化硫外洩事故，次晨迅即縮短訪美行程，兼程返國處理。

七月十日　督促市府成立「自來水改善促進委員會」，專司監督自來水公司確實執行自來水改善計劃。

十月一日　高雄都會區大眾捷運系統第一期工程總顧問簽約，由美國帝力凱薩公司承攬。

一九九二年　三月五日　接待尼加拉瓜共和國總統查莫洛夫人訪問高雄市。

六月二十七日　高雄市府會歐洲市政考察團任領隊。（七月十四日返國）

九月十四日　國立高雄餐旅管理專科學校籌備處成立。

十一月二十七日　台灣水泥公司壽山採礦權終止，壽山「光復」。

一九九三年　二月二十八日　二二八和平紀念碑落成。

七月二十日　國立高雄技術學院（後改名高雄第一科技大學）籌備處成立。

一九九四年　六月十二日　高雄市立美術館開幕啟用。

八月十四日　中國國民黨正式提名為高雄市長候選人。

十月二十九日　與行政院連戰院長一起主持高雄地區飲用水品質改善之「民生與工業用水分離計畫」通水典禮。

十二月三日　當選首屆民選高雄市長，十二月二十五日宣誓就職。

十二月二十一日　中華奧會通過由高雄市代表我國申辦二〇〇二年亞運。

一九九五年　一月二十日　行政院協助爭取主辦亞運輔導小組開會，確定由高雄市代表我國爭取主辦二〇〇二年亞運。

二月五日　偕同中華奧會主席張豐緒前往曼谷，展開申辦亞運行動。

三月十五日　強制拆除位於民生、民權、五福路上（俗稱地王）違建，該處計有公有地四筆，面積七百餘坪，被占用數十年，地價超過七億元。

五月二十三日　率團赴韓國漢城，與釜山市爭取主辦二〇〇二年亞運主辦權，因中共政治介入以致失利。

五月二十三日　駱駝山中止採礦。

六月八日　於行政院中建議將高雄捷運、地鐵及高鐵「三鐵共構」，並建議地鐵應以橋頭進入地下化的始點。

九月一日　中區資源回收廠（焚化爐）開工。

一九九六年　一月十三日　深夜前往楠梓區翠屏里與民眾協商有關垃圾處理問題，使西青埔垃圾衛生掩埋場衝突事件圓滿落幕。

一月三十日　三民親子公園（三民一號公園）完工。

二月十五日　南區資源回收廠開工。

四月六日　高雄市空中大學籌備處掛牌成立。

四月十七日 高雄都會公園正式啟用。

八月二十八日 率團前往澳洲布里斯本參加首屆亞太城市會議行銷高雄。

十一月十五日 三民敦親公園（三民二號公園）完工。

一九九七年

一月十一日 與交通部蔡兆陽部長主持高雄機場國際線航站新廈啟用。

一月九日 台灣首座「壽山自然公園」獲行政院備查通過。

四月十九日 第一艘大陸籍「盛達輪」航抵高雄港，揭開兩岸定點通航新紀元。

七月十日 半屏山採礦權終止。

七月二十二日 與副總統兼行政院長連戰為國立高雄大學籌備處主持揭牌儀式。

八月一日 副總統兼行政院長連戰公開宣布成立「多功能經貿園區計畫推動小組」並由行政院副院長擔任召集人。

九月一日 七賢國小開辦營養午餐，高雄市國小午餐普及率達百分之百。

九月十四日 於訪澳途中得知前鎮中油瓦斯氣爆，立即縮短訪問行程，兼程返高處理。

十月十日 亞洲最大老人大學「長青綜合服務中心」落成啟用。

一九九八年

二月十一日 首屆「高雄燈會」開燈，李登輝總統主持點燈。

四月二十九日 中區資源回收廠點火。

十二月五日 高雄市長選舉失利，於十二月二十五日卸任。

二〇〇二年　二月一日　宣誓就職第五屆立法委員。

二〇〇五年　二月一日　宣誓就職第六屆立法委員。

二〇〇七年　一月十二日　就職中國國民黨中央委員會祕書長。（二〇〇九年九月八日卸任）

二月十三日　馬英九主席因市長特別費案遭起訴，當天召開臨時中常會請辭黨主席一職並宣布參選總統。

二〇〇八年　一月十二日　中國國民黨在立法委員選舉中的一百一十三席中贏得八十一席次，得到超過三分之二的席次，連同五名親泛藍的立委，控制立法院四分之三的議席，掌握絕對多數。

三月二十二日　舉行中華民國第十二任總統副總統選舉，中國國民黨提名的馬英九、蕭萬長高票當選。

五月二十六日　陪同中國國民黨主席吳伯雄主席訪問大陸，會晤中國共產黨總書記胡錦濤等高層領導。

八月七日　陪同吳伯雄主席參加北京奧運開幕儀式。

八月二十二日　受邀參加在芝加哥舉行的「全美同鄉會聯誼會」第三十一屆年會並發表專題演講。

十一月二十二日　擔任中國國民黨副主席，仍兼任祕書長。

二〇〇九年

二月六日　參加在華府舉行的「全美祈禱早餐會」。

九月十日　就任第二十三任行政院長。之後指示行政院經建會於一個月內提出「庶民經濟指標」與各種經濟數據對照作為施政參考。

十月十一日　在全國治水會議上，向黑白兩道介入砂石問題宣戰。

二〇一〇年

一月五日　《食品衛生管理法》修正案三讀通過，美國牛六部位不得進口。

二月三日　公布修正《行政院組織法》，推動行政院組織改造。

三月二日　於立法院答覆質詢時表示，若年底失業率降不到五%以下，將辭職以示負責。（同年十一月達標，自此未再高於五%）

四月二十四日　應高雄縣長楊秋興之邀請，參加衛武營都會公園開園典禮。

五月十九日　瑞士國際管理學院（IMD）發布「世界競爭力」排名，我國排名第八，較上年大幅進步十五名。

六月二十九日　因應亞洲經濟整合趨勢，與中國大陸簽署《兩岸經濟合作架構協議》（ECFA）。

七月十四日　立法院三讀通過《農村再生條例》，編列兩千億預算執行農村再生計畫。

九月二日　在行政院會上表示，醫院不能拒絕收治病患，政府也不允許有這樣的情況發生。指示衛生署盡速了解民眾遭鎖卡的各項原因，研擬具體解決對策。（此後陸續解鎖，至二代健保實施，弱勢民眾因欠繳健保費而遭鎖卡問題，得以全面解決。）

九月二十四日　針對海巡署派出十二艘艦艇與日方對峙數十小時之事件，對立法院答覆質詢表示，政府掌握的標準是「強度強到不啟戰端，求全求到不受屈辱」。

十二月二十二日　歐盟公告台灣旅客享赴歐盟二十八國申根免簽證待遇，自二〇一一年一月十一日起生效。

十二月二十五日　縣市合併升格、五都新局上路，提升城市競爭力。

十二月三十一日　本年經濟成長率創一〇．七六％，為二十四年以來最佳。

二〇一一年

一月一日　宣布啟動十二年國民基本教育。

一月四日　立法院三讀通過二代健保，二〇一三年一月一日正式實施。

一月七日　立法院三讀通過《所得稅法》修正案，取消軍教免稅。

三月十八日　馬來西亞宣布給予台灣觀光免簽證待遇，也是第一百個給予台灣免落簽待遇的國家，「百年百國免簽」達陣。

五月十八日　「世界競爭力」排名，我國排名第六，為歷年最佳。

七月二十日　法務部廉政署正式掛牌成立。

八月一日　五歲幼兒免學費政策全面上路。

九月二十二日　與日本簽署《台日投資協議》。

十二月二日　立院三讀修正《老農福利津貼暫行條例》，老農津貼加碼新台幣一千元，於二〇一三年元旦開始實施。

二〇一二年

四月一日　候任副總統，以名譽團長身分出席博鰲論壇，會見大陸國務院副總理李克強（已內定出任總理）。提出「求同存異，兩岸和平，講信修睦，民生為先」十六字箴言。

五月二十日　宣誓就職中華民國第十三任副總統。

五月二十四日　出席我國參加「二〇一二年首爾第七屆亞太聽障運動會」代表團授旗典禮。

五月二十五日　接見比利時眾議員訪華團一行。

七月十九日　接見美國奧克拉荷馬州前州長亨利（Brad Henry）。

八月十三日　啟程出訪中美洲友邦多明尼加共和國及貝里斯（敦誼之旅），八月二十四日返抵國門。

九月二十六日　接見「美國在台協會」（AIT）台北辦事處新任處長馬啟思（Christopher J. Marut）。

二〇一三年

三月三日　視察太魯閣國家公園管理處落石防護、蘇拉風災和中部落復建及「蘇花公路改善計畫」等工程。

六月二十七日　出席「二〇一三年喀山世界大學運動會」我國代表團授旗典禮。

六月二十八日　主持行政院海巡署「巡護九號船」成軍典禮。

十月五日　出席「八八風災救災英雄紀念碑」揭碑典禮。

十月八日　午宴甘比亞共和國副總統賈莎迪（Isatou Njie-Saidy）等一行。

十月九日　接見瓜地馬拉共和國前總統暨「艾斯其布拉（Esquipulas）中美洲整合基金會」創辦人席瑞索（Vinicio Cerezo）。

二〇一四年

四月二十六日　啟程出席教廷先教宗封聖典禮（聖平之旅），四月三十日返抵國門。

六月四日　擔任中國國民黨副主席（至二〇一五年一月十九日）。

八月三日　探視高雄氣爆事件傷患及慰問罹難者家屬。

八月十二日　出席「中元超薦祈福大法會」及探視「高雄七三一氣爆事件」住院傷患。

八月二十七日　出席「七三一高雄氣爆事件」罹難消防人員聯合追思會。

九月三日　接見吉里巴斯共和國副總統歐泰瑪（Teima Onorio）訪華團。

十二月三日　以中國國民黨第一副主席代理主席（至二〇一五年一月十九日）。

二〇一五年

五月十二日　陪同總統接見貝里斯總督楊可為（Colville Young）訪華團。

十月十六日　訪視「莫拉克風災重建展示館」。

十一月六日　接見英國牛津大學副校長尼克・若林斯（Nick Rawlins）。

二〇一六年　五月九日　總統頒贈中正勳章。
五月二十日　卸任中華民國第十三屆副總統。
七月二日　成立台灣新願景論壇協會。

二〇一七年　八月二十日　就任中國國民黨第二十屆主席。
十月十二日　主持「海峽兩岸交流三十週年」紀念大會，紀念蔣故總統經國先生任內於一九八七年開放兩岸交流。
十月十五日　中國國民黨縣市黨部主委首次由黨員直選投票。
十一月二十五日至十二月二日　出訪菲律賓、泰國，為第一位訪問泰北地區的中國國民黨主席。

二〇一八年　一月起　重整各縣市黨部小組，建置並親往各縣市主持辦合授證典禮。
八月十九日　主持中國國民黨第二十屆第二次全代會，通過縣市長選舉中國國民黨提名人選。
十一月二十四日　九合一選舉中國國民黨取得空前勝利，贏得十五席縣市長、十九席縣市議長。

二〇一九年　六月二十五日、二十九日、七月三日　舉辦三場總統選舉黨內初選參選人「國政遠景發表會」。
七月八日至十四日　辦理總統選舉黨內初選民調，七月十五日公布結果，韓國瑜勝出。
七月二十八日　主持中國國民黨第二十屆第三次全代會，通過第十五任總統副總統暨第

二〇二〇年　一月十五日

十屆立法委員選舉本黨提名人選。

為總統立委選舉失利，請辭黨主席以示負責。

國家圖書館出版品預行編目(CIP)資料

堅毅之路：吳敦義 / 吳敦義口述；楊艾俐採訪撰文. -- 第一版. -- 台北市：遠見天下文化出版股份有限公司, 2021.07
面；　公分. -- (社會人文；BGB508)
ISBN 978-986-525-187-1 (精裝)

1.吳敦義 2.台灣傳記

783.3886　　110008181

社會人文 BGB508

堅毅之路：吳敦義

口述 — 吳敦義
採訪撰文 — 楊艾俐

總編輯 — 吳佩穎
副主編暨責任編輯 — 陳珮真
圖片整理協力 — 張彤華
校對協力 — 簡瑋志、林碧雲、林宸妍
視覺總監 — 張議文
封面設計 — 倪旻鋒
內頁圖片提供 — 除個別標示外，皆為吳敦義辦公室提供

出版者 — 遠見天下文化出版股份有限公司
創辦人 — 高希均、王力行
遠見・天下文化・事業群 董事長 — 高希均
事業群發行人／CEO — 王力行
天下文化社長 — 林天來
天下文化總經理 — 林芳燕
國際事務開發部兼版權中心總監 — 潘欣
法律顧問 — 理律法律事務所陳長文律師
著作權顧問 — 魏啟翔律師
社址 — 台北市 104 松江路 93 巷 1 號
讀者服務專線 — 02-2662-0012 ｜傳真 — 02-2662-0007；02-2662-0009
電子郵件信箱 — cwpc@cwgv.com.tw
直接郵撥帳號 — 1326703-6 遠見天下文化出版股份有限公司

電腦排版 — 極翔企業有限公司
印刷廠 — 中原造像股份有限公司
裝訂廠 — 精益裝訂股份有限公司
登記證 — 局版台業字第 2517 號
總經銷 — 大和書報圖書股份有限公司 電話｜ 02-8990-2588
出版日期 — 2021 年 8 月 20 日第二版第一次印行

定價 — NT 600 元
ISBN — 978-986-525-187-1
書號 — BGB508
天下文化官網 — bookzone.cwgv.com.tw

天下文化

BELIEVE IN READING